Grebennikov
Verlag

explorise Ferienstraßen

Herausgeber	Alexander Grebennikov
Projektleitung	Yury Kolesnichenko
Redaktionsleitung	Susanne Gierds
Texte & Recherche	Knut Diers
Lektorat	Christiane Weidemann
Korrektorat	Barbara Lück
Redaktionelle Assistenz	Mareen Günther, Ulrike Hanninger
Bildredaktion	Anne-Sophie Schäfer
Umschlaggestaltung	Pablo Balcells
Design	Henriette Damsa, Ricardo Quintas
Layout, Satz	Monica Freise, Henriette Damsa
Druck & Verarbeitung	Bosch-Druck GmbH

www.grebennikov.de
www.explorise.de

ISBN 978-3-941784-31-4
1. Auflage Berlin 2012

Grebennikov
Verlag

Die Deutsche Märchenstraße

Sagenhaftes Land der Brüder Grimm

Knut Diers

Berlin • Moskau

Inhaltsverzeichnis

Wie Perlen auf der Zauberschnur 008

Grimms Ursprünge
Zwischen Kinzigtal und Vogelsberg 010

Hanau 012

Von Hanau bis Kassel –
Die Stationen der Brüder Grimm 022

Steinau an der Straße 026
Schlüchtern 032
Freiensteinau 036
Herbstein 038

Durch das Rotkäppchenland
Zwischen Alsfeld und Fritzlar 040

Alsfeld 042
Marburg 048
Lahntal 056
Neustadt (Hessen) 058
Willingshausen 062

Rotkäppchen und die Schwälmer Tracht 066

Schwalmstadt 068
Schrecksbach 072
Oberaula 074
Knüllwald 076
Homberg (Efze) 080
Fritzlar 086

Sagenhaftes Nordhessen Zwischen Gudensberg und Kassel 090
Gudensberg 092
Niedenstein 094
Bad Wildungen 096
Waldeck 104
Wolfhagen 110
Schauenburg 114

Die Märchenzuträger 116

Baunatal 118
Kassel 120

Die Frau-Holle-Route
Zwischen Nieste und Fürstenberg **130**

Nieste 132
Kaufungen 136
Helsa 140
Großalmerode 142
Hessisch Lichtenau 144
Bad Sooden-Allendorf 148
Witzenhausen 152
Heilbad Heiligenstadt 156
Ebergötzen 160

Max und Moritz aus Ebergötzen **162**

Bovenden 164
Wahlsburg 166
Fürstenberg 168

Die Dornröschen-Route
Zwischen Hann. Münden und Oberweser **172**

Hann. Münden 174
Immenhausen 180
Hofgeismar 184
Trendelburg 188
Oberweser 192

Dem Zeitgeist angepasst **194**

Rattenfänger und Stadtmusikanten
Zwischen Polle und Bremerhaven **198**

Polle 200
Bodenwerder 202

Wer war Baron von Münchhausen?
Lustige Erzählungen in vornehmer Runde **204**

Hameln 208
Hessisch Oldendorf 214
Bad Oeynhausen 218
Nienburg 220
Bremen 224
Buxtehude 230
Bremerhaven 234

Register 240

Abbildungsverzeichnis 246

Wie Perlen auf der Zauberschnur

Was haben die Brüder Grimm, Baron von Münchhausen und Wilhelm Busch gemeinsam? Ihre Märchen spielen an der Deutschen Märchenstraße – zwischen Hanau bei Frankfurt und Bremerhaven an der Nordsee. Sie ganz oder in Teilen abzufahren, ist schon deshalb ein Genuss. Da werden die alten Sagen lebendig. Da blühen die Orte auf, wo Schneewittchen, Dornröschen oder die Bremer Stadtmusikanten zu Hause sind. Vor 200 Jahren erschienen die Kinder- und Hausmärchen der Brüder Grimm zum ersten Mal. Unzählige Auflagen haben sie hinter sich. Viele Geschichten sind auf Weltreise gegangen und Allgemeingut der Menschheit geworden. Die passenden Orte dazu reihen sich auf wie Perlen an einer Zauberschnur. Sie führt durch Nordhessen, Thüringen und Niedersachsen.

Märchen faszinieren – Familien mit Kindern (links, aus der „Gartenlaube" von 1867) und die Brüder Grimm (rechts).

Das Buch gibt vor allem Tipps für Familien, diese Perlen aufzulesen. Es verbindet das Beste aus 60 Städten, Gemeinden und Landkreisen auf dem Weg. Hier liegen Schlösser und Burgen. Da locken idyllische Fachwerkstädte. Was die Mittelgebirge mit ihren

Wäldern, Flusstälern und Gemeinden an besonderem Reiz versprühen, will erst einmal entdeckt werden. Urlauber sind häufig auf der Suche nach den Metropolen, nach den großen Städten. Sie vergessen, dass das Wunderbare im Verborgenen ruht und von ihnen aufgespürt werden will. Genau dabei hilft der vorliegende Band.

Die Orte und Personen werden beschrieben, und es gibt Hinweise zu den wichtigsten Sehenswürdigkeiten. Da die Liebe zu einer Gegend durch den Magen geht, sind Tipps für Genießer und zum Übernachten dabei. Immer wird auf die regionalen Besonderheiten hingewiesen. Es finden sich eine Vielzahl von Anregungen zum Erleben der Landschaft, zu kulturellen Ereignissen und künstlerischen Einrichtungen. Die Tour eignet sich auch für den Einzelreisenden oder Paare. Informationskästen geben weitere Anregungen, weisen auf Kurioses hin oder erläutern Märchen. Auf dem Weg ist für Jung und Alt vieles zu entdecken. Kenner lassen sich ohnehin Zeit. Sie unterteilen die Tour in Strecken und verschaffen sich Erlebnisse in Raten. Das ist in jedem Fall empfehlenswert, denn kaum jemand könnte 600 Kilometer Märchen in einem abfahren.

Starten Sie jetzt mit Ihrer Traumreise – besuchen Sie die Lebensstationen der Brüder Grimm, ihren Geburtsort Hanau, ihre Studentenstadt Marburg oder Kassel, wo sie die meiste Zeit ihres Lebens verbrachten. Wandern Sie auf dem Grimm-dich-Pfad in Marburg. Folgen Sie dem Klappern der Mühle am rauschenden Bach in Ebergötzen bei Wilhelm Busch und seien Sie nachsichtig mit den Erzählungen des Lügenbarons. Münchhausen war gar nicht so! Lassen Sie sich überraschen – viel Spaß!

Grimms Ursprünge Zwischen Kinzigtal und Vogelsberg

In Hanau beginnt alles – das Leben der Brüder Grimm, die dort geboren wurden, und die Deutsche Märchenstraße. Die hessische Stadt an Kinzig und Main ist ohnehin geeignet, sich in die Welt der Sagen und Märchen fallen zu lassen. Den beiden Märchensammlern und Universalgelehrten wurde hier ein Nationaldenkmal gesetzt. Vieles weist auf die Brüder Grimm hin, und die Festspiele lassen die Geschichten, die fast jeder kennt, in immer neuer Form wieder auferstehen. Wer dann von der Mündung der Kinzig in den Main das idyllische Tal hinauffährt, erlebt viele Orte im Fachwerkstil, plätschernde Bäche, weite Wiesen und weitere Lebensstationen der Familie Grimm.

In Steinau erinnert einiges an die Zeit, als Jacob und Wilhelm Grimm mit ihren Eltern hier sieben Jahre ihrer Kindheit verbrachten. Schlüchtern hat eine Grimmsammlung im Bergwinkelmuseum zu bieten. Freiensteinau ist ein Freizeitparadies an einer Seenplatte. Herbstein, schon im Vogelsberg gelegen, erfreut den Gast nicht nur mit Thermalwasser zur Heilung und weiten Wanderwegen durch eine einmalige Basaltlandschaft. Den Springerzug am Rosenmontag sollte man gesehen haben. Was sich dahinter verbirgt, lesen Sie in der Beschreibung des Ortes ein paar Seiten weiter.

Hübsch illustriert, wie hier von Carl Offterdinger und Heinrich Leutemann, gehörten Märchenbücher schon Ende des 19. Jahrhunderts in jedes Haus.

Mein erstes Märchenbuch

Hanau
Die Festspielstadt

Was für eine Festspielstadt für Grimms Märchen! Hanau, Geburtsort der Brüder Grimm, ist zwar nicht so weltbekannt wie Bayreuth für Wagneropern, aber auf jeden Fall Weltklasse, was die Märchenmusicals angeht. Das liegt daran, dass die Inhalte der Märchen auf die heutige Zeit fantasievoll übertragen werden. Wer sie sich zwischen Mai und Juli im Amphitheater neben dem Schloss Philippsruhe im Stadtteil Kesselstadt anschaut, wird begeistert sein. Ebenso sicherlich vom Schloss nach französischem Vorbild und dem weitläufigen Park.

Ansonsten liegen die Sehenswürdigkeiten etwas verstreut. Beginnen wir mit der Altstadt: Südlich einer 1234 erstmals erwähnten Wasserburg entstand die Stadt an der Kinzigmündung in den Main. Seit 1303 hat Hanau Stadtrechte. Das Leben blieb beschaulich, bis Graf Philipp Ludwig II. 1597 die Neustadt mit ihrem Schachbrettmuster planmäßig im Süden der Altstadt anlegte. Dort nahm er vertriebene calvinistische Wallonen und Niederländer auf. Die bedankten sich sozusagen mit ihrem Können – 1661 wurde hier die erste deutsche Fayencemanufaktur gegründet. Dabei handelt es sich um bemalte Tonwaren. Auch die Goldschmiedekunst brachten die Zugereisten mit. Die Edelmetallindustrie entwickelte sich zum bedeutendsten Industriezweig. Ein Bombenangriff am 19. März 1945 zerstörte die Stadt fast vollständig. Als Mahnmal dient die Ruine der wallonisch-niederländischen Kirche.

Unten: Jakob und Wilhelm Grimm – das Nationaldenkmal vor dem Rathaus.
Rechts: Modern inszeniert: die Festspiele in Philippsruhe.

Märchenhaftes

Brüder-Grimm-Nationaldenkmal

Das Denkmal schmückt seit 1896 vor dem Neustädter Rathaus den Marktplatz. Es ist der Ausgangspunkt der Deutschen Märchenstraße. Zur Ausführung kam nach einem Streit schließlich das Modell von Platz drei eines Wettbewerbs. Syrius Eberle, ein Professor und Bildhauer aus München, war von Wilhelm Grimms Sohn Herman auserwählt worden, die drei Meter hohe Bronzefigur anzufertigen. Dabei ist zu beachten: Wilhelm Grimm sitzt, sein Bruder Jacob steht. Der Steinsockel ist aus schwedischem Granit. Japaner haben Denkmal und Rathaus schon nachgebaut – sie stehen in voller Schönheit im Freizeitpark Obihiro auf der nordjapanischen Insel Hokkaido. Um mehr über die weltberühmten Stadtbewohner zu erfahren, empfiehlt sich ein Besuch der Abteilung „Die Brüder Grimm" in der Beletage des Schlosses Philippsruhe (siehe Schlösser und Burgen).

Jährliche Feste

Brüder-Grimm-Märchenfestspiele
Jedes Jahr seit 1985 stehen von Mai bis Juli Grimm'sche Märchen auf dem Programm, die mit Schauspielern vor der Kulisse von Park und Schloss Philippsruhe aufgeführt werden. Die Zuschauertribüne ist überdacht. Spielplan und Anreise unter www.hanau.de

Sehenswertes

Altstädter Rathaus

Es ist der wichtigste historische Bau der Stadt und diente bis 1900 als Rathaus. Seine heutige Funktion als Deutsches Goldschmiedehaus verdankt das Gebäude dem Berliner Goldschmied Ferdinand Richard Wilm (1880–1971). Er errichtete hier 1942 ein Zentrum für die Edelmetallkunst. Nach der Zerstörung des Fachwerkhauses 1945 zeigt es seit dem Wiederaufbau 1958 Ausstellungen im Gold- und Silbersaal.
Deutsches Goldschmiedehaus Hanau, Altstädter Markt 6, Tel. +49 (0) 6181 256566, Öffnungszeiten: Di–So 11–17 Uhr; Erw. 2,50 Euro, erm. 1,50 Euro, www.gfg-hanau.de

Neustädter Rathaus

Die Einheit von Marktplatz, Neustädter Rathaus und Nationaldenkmal der Brüder Grimm ist beeindruckend. Das barocke Haus mit Mansardendach wurde 1723 bis 1733 errichtet. Der Giebel mit dem Allianzwappen, die rote Sandsteinfassade und das Glockenspiel in dem Uhrtürmchen machen es unverwechselbar. Um 8, 10, 12, und 16 Uhr sind Choräle und Menuette zu hören, um 18 Uhr erklingt „Guten Abend,

Links: Prachtvoll – das Schlosstor zu Philippsruhe, das Deutsche Goldschmiedehaus und das Neustädter Rathaus (rechts).

gute Nacht". Im Advent verwandeln sich 24 Fenster zu Hessens größtem Adventskalender – jeden Tag um 18 Uhr öffnet sich ein Fenster und zeigt ein Motiv der Grimm'schen Märchen. Es gibt sogar eine Version im Internet zum Anklicken auf www.hanau.de. Auf dem Marktplatz ist jeden Mittwoch und Sonnabend das bunte Markttreiben zu erleben. Im Rathausfoyer finden kleine Besucher eine Märchenspielecke.

Wallonisch-niederländische Kirche
Während nach der Zerstörung im Krieg die niederländische Kirche wieder aufgebaut wurde, blieb der größere wallonische Teil als Ruine und Mahnstätte gegen Kriege erhalten. Die Doppelkirche war 1600 bis 1608 als Symbol der religiösen Einheit der Neubürger entstanden. Das Dach umfasste sechs Stockwerke.
Dammstr. 3, Tel. +49 (0)6181 22638, www.wng-hanau.de

Hanau sportlich

Als „Turnvater Jahn" ging der Pfarrerssohn Friedrich Ludwig Jahn (1778–1852) in die Geschichte als Initiator der deutschen Turnbewegung ein. Sie war zugleich eine politische Kraft gegen die napoleonische Besetzung und für die nationale Vereinigung. Den ersten Deutschen Turnertag gab es am 3. April 1848 in der wallonisch-niederländischen Kirche von Hanau. Damit gründete Jahn den Deutschen Turnerbund. Jahn wurde im selben Jahr in die Frankfurter Nationalversammlung in der Paulskirche gewählt. Er gilt als Wegbereiter von Sport als Schulfach.

Marienkirche
Das gotische Kreuzrippengewölbe und die Sandsteinepitaphe des Hanauer Grafenhauses sind sehenswert. Vier durch Farben und Bildgestaltung beeindruckende Fensterbilder aus dem 15. Jahrhundert befinden sich im Chorraum.
Krämerstr. 4, Tel. +49 (0)6181 4288790, www.marienkirche-hanau.de

Historische Kuranlage Wilhelmsbad

Seine Sommerresidenz ließ Erbprinz Wilhelm I. von Hessen-Kassel Ende des 18. Jahrhunderts gleich als Ruine auf einer künstlichen Insel bauen. So sollten Feinde von der Eroberung abgehalten werden. Innen aber ist der Besucher überrascht, einen Kuppelsaal sowie Wohnräume vorzufinden. Ab 1777 entstanden die Kur- und Badeanlagen, zusammen mit dem englischen Landschaftspark und dem hessischen Puppenmuseum (siehe Für Kinder) bilden sie ein beliebtes Naherholungsziel im Rhein-Main-Gebiet. Der italienische Abenteurer Giacomo Casanova hat sich hier vor mehr als 200 Jahren beim Glücksspiel amüsiert.

Parkpromenade 7, 63454 Hanau-Wilhelmsbad,
Tel. +49 (0)6181 9065090, Park frei zugänglich,
Öffnungszeiten: April–Okt.: Sa 13–17 Uhr; So 11–17 Uhr;
Erw. 4 Euro, erm. 2,50 Euro,
www.schloesser-hessen.de

Kultur und Erlebnis

Hanauer Kulturnacht

An wechselnden Orten wird an einem Samstag im September Kultur kostenlos dargeboten, wie Lesungen, Theater und Livemusik.

Schloss Wilhelmsbad ist zusammen mit dem Park ein beliebtes Ausflugsziel.

Nacht der Hirsche

Im Hanauer Wildpark „Alte Fasanerie" ist der September „Hirschmonat" mit abendlicher Tierbeobachtung (siehe auch Für Kinder).
www.erlebnis-wildpark.de

Eisbahn auf dem Marktplatz

Öffnungszeiten: Ende Dez.–Ende Jan.: Mo–Fr 12–20 Uhr; Sa, So und in den Ferien 10–20 Uhr; Erw. 4 Euro, Kinder 3 Euro

Hanauer Musikernacht

Musik der Sechziger Jahre bis heute von Hanauern für Hanauer und Gäste.
Wechselnde Termine; freier Eintritt, www.hanau.de

Für Genießer

Cocktails und Steaks:
Cubana – Cantina y Bar
Kubanische und mexikanische Spezialitäten
Große Dechaneistr. 24
Tel. +49 (0)700 11100999
www.cubana-hanau.de
Hauptgericht 9–24 Euro; Brunch am Wochenende 9,90 Euro

Einfach deutsch:
Grimm's Wirtshaus
Neben deftiger Brotzeit und herzhaften Gerichten stehen auch leichte Salate zur Wahl.
Salzstr. 23
Tel. +49 (0)6181 5076880
www.grimms-wirtshaus.de
Hauptgericht 9–17 Euro

Guter Geschmack:
Restaurant Jagdhaus
Wild ist Programm, aber auch Fisch lässt sich hier vortrefflich verspeisen.
Fasaneriestr. 106
Tel. +49 (0)6181 969292
www.restaurant-jagdhaus-alte-fasanerie.de
Hauptgericht 10–16 Euro

Gutbürgerlich:
Alt Kesselstadt
Hessische Küche trifft auf die Welt, Handkäs mit Musik gibt es in drei Variationen.
Remisenweg 7
Tel. +49 (0)6181 259313
www.altkesselstadt.de
Hauptgericht 11–18 Euro

Guten Abend, gute Nacht

Guten Abend, gute Nacht,
mit Rosen bedacht,
mit Näglein besteckt,
schlupf unter die Deck!
Morgen früh, wenns Gott will,
wirst du wieder geweckt.

Guten Abend, gute Nacht,
von Englein bewacht,
die zeigen im Traum
dir Christkindleins Baum.
Schlaf nur selig und süß,
schau im Traum's Paradies.

(Das Wiegenlied von Johannes Brahms stammt von 1868.)

Für Kinder

Papiertheatermuseum

Aus Bögen zum Ausschneiden aus der Zeit des 19. Jahrhunderts entstanden, sind zwanzig Papiertheater mit Figuren im Schloss Philippsruhe aufgestellt. Sie werden auch bespielt. 25 Zuschauer finden jeweils Platz, sie sollten älter als sechs Jahre sein.
Anmelden unter +49 (0)6184 62300 (Theatergruppe Buttler) oder +49 (0)69 63391747 (Theatergruppe Wurz), Eintritt frei; um Spenden wird gebeten, www.papiertheater.eu

Hessisches Puppenmuseum

Ein Erlebnisraum für Kinder, die Puppen gern haben. Es sind europäische Figuren zu bewundern, aber auch solche aus Fernost – die Besucher erfahren, was pädagogisch wertvolles Spielzeug ist und welche Tradition es hat.
Parkpromenade 4 (Arkadenbau), 63454 Hanau-Wilhelmsbad, Tel. +49 (0)6181 86212, Öffnungszeiten: Di–Fr 10–12/14–17 Uhr; Sa, So 10–17 Uhr; Erw. 3,50 Euro, Kinder bis 15 J. 1 Euro, www.hessisches-puppenmuseum.de

Wildpark „Alte Fasanerie"

Für Tierfreunde und Klettermaxe ist hier alles vorhanden. Greifvögel, Wölfe, Luchse und Fasane warten schon, Geocaching wird angeboten.
Fasaneriestr. 106, 63456 Hanau/Klein-Auheim, Tel. +49 (0)6181 61833010, Öffnungszeiten: März–Okt.: 9–18 Uhr; Nov.–Feb.: Mo–Fr 9–16 Uhr; Sa, So 9–17 Uhr; Erw. 5 Euro, Kinder bis 14 J. 3 Euro, www.erlebnis-wildpark.de

Waldseilpark im Wildpark

In zehn Metern Höhe den Parcours aus 23 senkrechten Stämmen zu schaffen, ist eine Herausforderung. Sechs Parcours warten im Waldseilpark.

Fasaneriestr. 106, 63456 Hanau/Klein-Auheim, Tel. +49 (0)6182 6404697, Öffnungszeiten: April–Okt.: Mi, Do, Fr ab 13 Uhr; Sa, So ab 10 Uhr jeweils bis zur Dunkelheit; Erw. 18 Euro, Kinder ab 14 J. 12 Euro, www.waldseilpark-hanau.de

Limesrundwanderweg Neuwirtshaus

Zum Ausflug in die Römerzeit stehen im Hanauer Forst auf einem 1,5 Kilometer langen Rundweg fünf Informationstafeln. Relikte des Schutzwalls der Römer gegen die Germanen sind zu sehen. Seit 2005 gehört der obergermanisch-rätische Limes zum Weltkulturerbe der Unesco.

Parkplatz neben der Wolfgang-Kaserne an der B8 Hanau-Aschaffenburg

Museumseisenbahn Hanau

Termine der Fahrten wie zum Beispiel ein Zug zu den Weihnachtsmärkten der Region unter

Tel. +49 (0)179 6783055, www.museumseisenbahn-hanau.de

Hereinspaziert in die gute (Puppen-)Stube.

Über Nacht

Wohlfühloase:
★★★ Art-Hotel Sonnenhof
In ländlicher Idylle sind alle Zimmer individuell nach Feng-Shui-Prinzipien eingerichtet.
Alte Rathausstr. 6
63454 Hanau-Mittelbuchen
Tel. +49 (0)6181 97990
www.hotel-sonnenhof-hanau.com, DZ 80–100 Euro

Seit vier Generationen:
Hotel Zum Riesen
Zentral mit Tradition
Heumarkt 8
Tel. +49 (0)6181 250250
www.hanauhotel.de
DZ 118–148 Euro, in den Ablegern Riesenjunior und Römerhof 59–90 Euro

Schlösser und Burgen

Schloss Philippsruhe – Historisches Museum

Das Barockschloss nach französischem Vorbild nahe dem Main mit Schlosspark, Orangerie, Belvedere, Skulpturenpark und Amphitheater ist ein bedeutendes Kulturdenkmal. Graf Philipp Reinhard von Hanau-Lichtenberg ließ 1701 den Grundstein dafür legen. Als später Kurfürst Wilhelm II. von Hessen-Kassel das Anwesen besaß, entstanden die klassizistische Innenausstattung des Weißen Saals sowie ein Gartenpavillon. Im Erdgeschoss befindet sich das Museum zur Stadtgeschichte. Oben in der Beletage sind die Stilllebenmalerei, die Fayencen (Tonware) aus der Zeit von 1661 bis 1806 sowie Beispiele der Silberschmiedekunst zu bewundern. Eine Abteilung informiert über das Leben der Brüder Grimm. Durch die Grünanlagen zu

Barock, französisch, grün und schön – Schloss Philippsruhe.

schlendern, ist ebenfalls ein Genuss. Auch ein Besuch der Restaurant-Café-Terrasse sollte nicht fehlen.
Philippsruher Allee 25, Tel. +49 (0)6181 258010 und 2951718, Öffnungszeiten: Di–So 11–18 Uhr; Café 12–17.30 Uhr; Erw. 2,50 Euro, erm. 1,50 Euro, www.schlossphilippsruhe.de

Schloss Steinheim

In Steinheim ist die Altstadt einen kleinen Bummel wert. Das Schloss – einst als Burg gebaut – gehörte 370 Jahre lang dem Kurfürstentum Mainz. Das Museum darin präsentiert die regionale Vor- und Frühgeschichte, was mehr als „Ton, Steine, Scherben" bedeutet – die frühe Besiedlung der Region ab 300.000 v. Chr. ist multimedial aufbereitet. Das prächtige Stadtmodell zeigt Steinheim um das Jahr 1560. Kochen nach römischen Rezepten oder Brotbacken im Lehmofen ist ein Spaß für Kinder.
Schlossstr. 9, Tel. +49 (0)6181 295571; Öffnungszeiten: Do–So 10–12/14–17 Uhr; Erw. 2 Euro, erm. 1,50 Euro; www.hanau.de

Mehr als „Ton, Steine, Scherben": das Museum (oben) und Schloss Steinheim.

Touristeninformation

Am Markt 14–18
63450 Hanau
Tel. +49 (0)6181 295950
www.hanau.de

Von Hanau bis Kassel Die Stationen der Brüder Grimm

Die bekanntesten Söhne Hanaus sind die Brüder Grimm. Jacob und Wilhelm wurden am ehemaligen Paradeplatz Nr. 1 (heute Freiheitsplatz) geboren. Schräg gegenüber steht heute ein Gedenkstein. Jacob erblickte am 4. Januar 1785 das Licht der Welt, sein Bruder Wilhelm am 24. Februar 1786. Ebenfalls geboren wurden hier die Brüder Carl (1786), Ferdinand Philipp (1788) und der „Malerbruder" Ludwig Emil (1790). Er kam schon in der Langstraße 41 zur Welt, der neuen Wohnung der Grimms. Ludwig Emil illustrierte später viele Märchenbücher seiner Brüder.

Glückliche Zeit in Steinau

Schon seit vielen Generationen hatten die Grimms hier in den hessischen Bergen gelebt – in Steinau an der Straße, ein paar Kilometer das Kinzigtal hinauf. Großvater Friedrich übte 47 Jahre lang das Pfarramt von Steinau aus, der Urgroßvater arbeitete dort als Kircheninspektor. 1791 kam Vater Philipp Wilhelm Grimm (1751–1796), der Stadtschreiber von Hanau war, als landgräflicher Amtmann in seine Geburtsstadt Steinau zurück. Zuvor hatte er Jura in Hanau, Herborn und Marburg studiert.

Ein Schild auf einem Gedenkstein in Hanau erinnert an das Geburtshaus der Brüder Grimm – Am Freiheitsplatz 3.

Für die Söhne Jacob und Wilhelm bedeutete Steinau so etwas wie das Kinderparadies. Sieben Jahre verbrachten sie in dem Idyll an der Kinzig und als sie es verließen, waren sie 12 und 13 Jahre alt. Die einzige Schwester Charlotte wurde 1793 in Steinau geboren. Zwei Jahre nach dem plötzlichen Tod des Vaters 1796 – er starb mit 44 Jahren an Lungenentzündung – zog die Witwe Dorothea mit den Kindern 1798 zurück in ihre Geburtsstadt Kassel. Bis dahin lebte die Familie, die die Dienstwohnung im Amtshaus verlassen musste, im Hutten'schen Hospital in Steinau.

Wilhelm Grimm schrieb später über seine Zeit im Kinzigtal: „Die Gegend von Steinau hat etwas Angenehmes. Oft sind wir zusammen in den Wiesentälern und auf den Anhöhen umhergegangen." Der Vater nahm die Söhne gern mit in den Stall und den Hausgarten. Er lehrte sie die Grundlagen in Botanik und Zoologie und brachte ihnen die Liebe zur hessischen Heimat nahe.

Aufstieg in Kassel

Nun sollte Kassel ihre Heimat werden – für insgesamt dreißig Jahre. Jacob und Wilhelm Grimm waren Schüler des Lyceum Fridericianum bis 1802/1803, arbeiteten dann nach der Marburger Studienzeit von 1806 bis 1829 als Privatgelehrte und Beamte in Kassel. 1808 konnte Jacob wegen seiner guten Französischkenntnisse als Privatbibliothekar beim neuen König von Westfalen, Napoleons Bruder Jérôme, in dessen Kasseler Residenz tätig sein. Später war er Beisitzer im königlichen Staatsrat und öfter als Diplomat unterwegs.

Nach dem Tod der Mutter 1808 führten die Brüder den gemeinsamen Haushalt fort. Jacob erfüllte die Rolle des Ernährers, zusammen mit Wilhelm erzog er die vier jüngeren Geschwister. Wilhelm, gesundheitlich angeschlagen, übernahm bald eine Sekretärsstelle an der Kasseler Bibliothek. Dort arbeiteten später beide Brüder.

Die Ehe mit Dorothea Wild

Dann trat Dorothea Wild in ihr Leben. Sie war die Tochter eines aus der Schweiz zugezogenen Apothekers und wie ihre Schwestern mit den Grimms befreundet. Während Jacob sich weiter auf seine Bücher konzentrierte, heiratete Wilhelm die dreißigjährige „Familienfreundin". Mit der Märchenbeiträgerin hatte er vier Kinder, von denen Herman, Rudolf und Auguste das Kinderalter überlebten. Auch später boten Wilhelm und Dorothea Jacob Grimm in ihrem Haushalt einen Rückhalt, sodass er sich ungetrübt der Forschung widmen konnte.

In Kassel abgelehnt: Bei der Berufung eines Direktors für das Museum Fridericianum und die Bibliothek wurden die Brüder Grimm nicht berücksichtigt.

Von den hessischen Kurfürsten in ihrer Bedeutung kaum wahrgenommen und von der Staatsbürokratie immer wieder gegängelt, verließen Jacob und Wilhelm 1829 schweren Herzens Kassel. Beim Berufungsverfahren eines Direktors des Museums Fridericianum und der Bibliothek wurden sie nicht berücksichtigt. So nahmen sie den Ruf an die Universität Göttingen an. Der ihnen besonders verbundenen Kurfürstin Auguste, einer preußischen Königstochter, schrieb

Wilhelm Grimm am 2. November 1829: „Mit dem tiefsten Schmerz verlassen wir Hessen, dem unsere Familie seit Jahrhunderten mit unbefleckter Ehre gedient hat, und die Anhänglichkeit an Cassel, wo wir gewiß den größten Teil unseres Lebens zugebracht haben, wird niemals erlöschen ..."

Politischer Protest in Göttingen

Nach ihrer Teilnahme am Protest der Göttinger Sieben 1837 gegen den hannoverschen König Ernst August I., der die freiheitliche Verfassung wieder aussetzte, kehrten die Brüder Grimm nochmals kurzzeitig nach Kassel zurück. 1840 nahmen sie den Ruf des preußischen Königs Friedrich Wilhelm IV. an die Berliner Akademie der Wissenschaften an und verbrachten das letzte Viertel ihres Lebens von 1841 bis zu ihrem Tode 1859/1863 in der preußischen Hauptstadt.

Wilhelm und Jacob Grimm (obere Reihe) gehörten zu den Göttinger Dozenten, die gegen König Ernst August I. aufbegehrten.

Steinau an der Straße
Das Idyll im Kinzigtal

Die Via Regia verband einst als Handelsstraße die Messeorte Frankfurt und Leipzig. Sie führte durch den Ort Steinau im Oberen Kinzigtal, der bald durch ein Schloss aufgewertet wurde, das die Grafen von Hanau zeitweise bewohnten. Der Zusatz „an der Straße" stammt noch von der alten Via Regia. Seit 1290 mit Stadtrechten versehen, blühte der Handel über Jahrhunderte prächtig. 1736 fiel Steinau an die Landgrafschaft Hessen-Kassel, aus der das Kurfürstentum Hessen hervorging.
Wer durch das rundförmig angelegte Zentrum Steinaus schlendert, trifft auf alte Fachwerkhäuser. Das Renaissanceschloss ist ein Kleinod. Dessen Turm zu besteigen, lohnt sich schon wegen der weiten Aussicht. Dort oben stellt sich bald das Gefühl ein, 200 Jahre zurückversetzt worden zu sein: in die Lebzeiten der Grimms.

Sanft und lieblich: Steinau am Ufer der Kinzig.

Märchenhaftes

Brüder Grimm-Haus und Museum Steinau

Im ehemaligen Amtshaus, wo Vater Grimm sein Büro hatte und die Familie wohnte, befindet sich heute ein Museum. Das einzige erhaltene Wohnhaus der Grimms ist anschaulich gestaltet mit Räumen zum Thema Märchen und einer historisch rekonstruierten Küche. Präsentiert werden das wissenschaftliche Wirken der Brüder Grimm sowie die künstlerischen Arbeiten des jüngsten Bruders Ludwig Emil. In Fühlboxen lassen sich Märchen ertasten. Auch die internationale Ausbreitung der Erzählungen wird nachgezeichnet.

Brüder-Grimm-Str. 80, Tel. +49 (0)6633 7605, Öffnungszeiten: tgl. 10–17 Uhr; Erw. 3 Euro, Kinder 2 Euro, www.brueder-grimm-haus.de

Märchenbrunnen

Jacob und Wilhelm Grimm spielten damals gern vor dem Rathaus, wie es in den Aufzeichnungen über ihre Jugend heißt. 1985 wurde an dieser Stelle ein Brunnen zu ihren Ehren gebaut. Motive aus den Märchen schmücken die Brunnensäule.

Am Kumpen/Brüder-Grimm-Straße

Das Brüder Grimm-Haus (oben) und der Märchenbrunnen erinnern an die berühmten Bewohner.

Jährliche Feste

Steinauer Puppenspieltage
Ende September werden zwei Wochen lang hochwertige Darbietungen in der Kunst des klassischen Marionettenspiels gezeigt. Die Stadt hat sich einen Namen für die seit 1993 veranstalteten Puppenspieltage gemacht.
Karten im Verkehrsbüro, Programm unter www.steinau.eu

Märchenerzähler
Die Erzähler schlüpfen in das Gewand einer Figur aus einem Grimm'schen Märchen und führen die Besucher eineinhalb Stunden durch den Ort. Sie erzählen auf Wunsch auch auf Englisch oder Französisch. Die Gruppenführung kostet 45 Euro (bis 25 Personen) und ist im Verkehrsbüro zu buchen, es gibt auch Kinderstadtführungen (40 Euro). Von April bis Oktober startet an jedem ersten Sonntag im Monat um 14 Uhr am Märchenbrunnen eine offene Führung, Erwachsene zahlen 4 Euro, Kinder 2 Euro.

Die Teufelskaute

Nach der Sage, aufgeschrieben von Ferdinand Grimm, befand sich nahe Steinau im Wald ein tiefes Loch – die Teufels-höhle oder -kaute. Niemand kam wieder hinauf, der dort hineinfiel. Einmal ließ sich ein mutiger Steinauer mit einem Seil hinab. Er hatte ein Licht in der Hand. Als er unten versuchte, die mittlere von drei Eisentüren zu öffnen, blies ihm eine schreckliche Gestalt die Laterne aus. Sofort ließ sich der Mann wieder am Seil hinaufziehen.

Die Säule des Brunnens ist eine Art Litfaßsäule für Grimms Märchen.

Sehenswertes

Hutten'sches Hospital

Das Fachwerkhaus mit Rundturm steht auf einem Sandsteinsockel. Hier wohnte Familie Grimm nach dem Tod des Vaters 1796 bis zum Umzug nach Kassel zwei Jahre danach. Die Dienstwohnung im Amtshaus musste die Familie verlassen. Heute beherbergt das Gebäude das Restaurant Rosengarten.

Brüder-Grimm-Str. 84; www.rosengarten-steinau.de

Ursprung der Märchenstraße

Im Rathaussaal der Stadt wurde am 11. April 1975 die Arbeitsgemeinschaft Deutsche Märchenstraße gegründet. Der hessische Staatsminister Herbert Günther hatte die Idee, so die Attraktivität der Regionen von Hanau bis Bremerhaven entlang der 600 Kilometer langen Route zu stärken.

Im Januar 2007 gründete sich der Verein Deutsche Märchenstraße e. V. mit Sitz in Kassel. Er gibt Auskunft an Touristen.

Deutsche Märchenstraße e. V., Kurfürstenstr. 9, 34117 Kassel
Tel. +49 (0)561 92047910, www.deutsche-maerchenstrasse.de

Katharinenkirche

Der gotische Bau gilt als ältester der Stadt (um 900 gebaut). Seitlich vor dem Altar sind die Großmutter und Tante (Frau des Pfarrers Grimm) der Brüder Grimm bestattet. Fünf Kinder der Familie sowie der Sohn Friedrich Grimm liegen hier ebenfalls.

Am Kumpen (neben dem Rathaus)

Spessart Therme

In der zwölf Kilometer entfernten Kurstadt Bad Soden-Salmünster sind Thermalbad, Saunawelt und Salzgrotte zu erleben.

Frowin-von-Hutten-Str. 5, 63628 Bad Soden-Salmünster, Tel. +49 (0)6056 7440, Öffnungszeiten: Mo–Sa 8.30–23 Uhr; Erw. 2 Std. 7,50 Euro, Kinder 3,50 Euro, www.spessart-therme.de

Für Kinder

Marionettentheater „Die Holzköppe"

Hier werden die Märchen der Grimms auf einer kleinen Bühne wieder lebendig. Neben historischen Handpuppen kommen auch Schattenspiel-, Klappmaul- und Großfiguren zum Einsatz, die von vier Darstellern geführt werden. Geeignet für Kinder aller Altersstufen sowie für Erwachsene. Das Theater besteht seit 78 Jahren. Kartenverkauf und Lilos Kasperlädchen befinden sich in der Brüder-Grimm-Straße 43/Ecke Märzgasse. (www.kasperlaedchen.de)

Marstall vor dem Schloss Steinau, Am Kumpen 2, Tel. +49 (0)6663 245 (außer Mo); Erw. ab 6,50 Euro, Kinder 5 Euro, www.die-holzkoeppe.de

Tropfsteinhöhle Teufelshöhle

Etwa drei Kilometer nördlich der Stadt kann die Höhle nur bei Führungen, die zwanzig Minuten dauern, besichtigt werden. Hier spielt die Sage *Die Teufelskaute.*

Auskunft in der Touristeninformation Steinau

Erlebnispark Steinau

Südlich von Steinau hat der Park von der Sommerrodelbahn über die Tierkinderstube bis zu Märchenlesungen viel Unterhaltsames zu bieten.

Thalhof 1, Tel. +49 (0)6663 6889, Öffnungszeiten: April–Okt.: tgl. 9–18 Uhr; Besucher kleiner als 1 m kostenlos, 1–1,3 m 10 Euro, ab 1,30 m 11 Euro, www.erlebnispark-steinau.de

Kletterwald Steinau

Durch Bäume klettern und auf der langen Europaseilbahn Schwung holen – das bringt Spaß! Schon für Kinder ab vier Jahren ist jetzt ein Parcours vorhanden.

Krugbau 1, Tel. +49 (0)171 4561765, Öffnungszeiten: April–Nov.: tgl. 10–19 Uhr; Erw. 18,50 Euro, Kinder bis 13 J. 12,50 Euro, ab 14 J. 14 Euro, www.kletterwald-steinau.de

Kamele erleben

Wer gerne einmal einen Ausritt auf dem Kamel machen möchte, ist hier richtig. Es gibt auch Trekkingangebote.
Ralf Stahl, Am Hang 4, 36396 Steinau-Neustall, Tel. +49 (0)6667 918658, Öffnungszeiten: Mo–Fr 14–20 Uhr; Sa, So 12–20 Uhr; Nov.–März: Mo–Fr 12–19 Uhr, Sa, So 12–20 Uhr; 90 Min. mit Picknick 40 Euro, Kinder aufs Kamel setzen 2 Euro, www.kamele-erleben.de

Schlösser und Burgen

Schloss Steinau

Der tiefe Hirschgraben umgibt das Renaissanceschloss. 1528 bis 1555 erbaut, ist es eines der bedeutendsten in Hessen. Der Landsitz der Grafen von Hanau besteht aus einem Fünfeck, vier Eckbauten und zwei Torhäusern. Im früheren Marstall befindet sich das Marionettentheater (siehe Für Kinder).
Schloss Steinau an der Straße, Tel. +49 (0)6663 6843, Öffnungszeiten: März–Dez.: Di–Do 10–17 Uhr; Erw. 2,50 Euro (4 Euro mit Führung), Kinder 1,50 Euro, Turmbesteigung 1 Euro, www.schloesser-hessen.de

Der mächtige Turm beherrscht die Schlossanlage, die Sommerrodelbahn den Erlebnispark.

Touristeninformation

Brüder-Grimm-Str. 70
36396 Steinau an der Straße
Tel. +49 (0)6663 96310
www.steinau.eu

Schlüchtern
Die Bergwinkelstadt

Die Kleinstadt zwischen den „Winkeln" der umliegenden Mittelgebirgsausläufer geht auf die Gründung eines Benediktinerklosters im 8. Jahrhundert zurück. Der schmucke Luftkurort ist vor allem durch seine Fachwerkhäuser in der sanierten Altstadt bekannt. Wo die Elm in die Kinzig mündet, wurde der Ort im Jahr 993 erstmals als „sluohderin" erwähnt. Das heißt „in den Sümpfen". Die Region zwischen Rhön, Spessart und Vogelsberg war deshalb vor dem Mittelalter kaum besiedelt. Die alte Handels- und Heerstraße von Frankfurt nach Leipzig führte jedoch hier entlang. So kam es auch, dass Napoleon im Jahr 1813 im Klostergebäude eine Nacht zu Gast war. Er kam von der verlorenen Völkerschlacht bei Leipzig.

Große Freude über Miniaturen: die Modellbahn.

Märchenhaftes

Grimmsammlung im Bergwinkelmuseum

Im Lauter'schen Schloss sind Originalzeichnungen von Ludwig Emil Grimm sowie eine 42 Quadratmeter große Modellbahnanlage vom Ortsbahnhof zu bewundern. Der älteste erhaltene Profanbau der Stadt wurde um 1440 gebaut und 1798 Eigentum des Salzverwalters Stickel. Er war ein Freund des Amtmannes Philipp Wilhelm Grimm.

Schlossstr. 15, Tel. +49 (0)6661 85750, Öffnungszeiten: April – Okt.: Di – So 14 – 18 Uhr; Nov. – März: Fr–So 14 – 18 Uhr; Erw. 3 Euro, Kinder ab 6 J. 2 Euro, www.schluechtern.de

Sehenswertes

Altstadt

Mit Stadtkirche, Markt, romantischer Linsengasse, Restaurant Zeppelin neben der Stadthalle (siehe Für Genießer), alten Häusern wie dem Blumencafé und dem Gasthaus Zum Eckebäcker (seit 1577 Schmiede, Bäckerei und Gasthaus) ist die Altstadt ein Idyll.

Zu den wilden Riesen

Der Heimatforscher Wilhelm Praesent veröffentlichte 1958 die Bergwinkel-Geschichten, *wozu auch die Sage von den* Wilden Leuten im Bernhardswalde *gehörte. Damit ist eine Felsgruppe gemeint, zu der eine etwa vier Kilometer lange Wanderung vom Parkplatz Bernhardswald oberhalb von Hohenzell führt. Oben am „wilden Tisch" sitzen die „wilden Riesen", denen ein kleines Männchen einst als Dank für Speis und Trank einen Wunsch erfüllte. „Wir bitten darum, dass wir nie sterben, sondern immer in diesem Wald unser Wesen treiben dürfen", hatten die Riesen gesagt. So geschah es bis heute.*

Bummeln durch die Gassen wird zum Genuss.

Benediktinerkloster

Der heute bei einer Führung zu sehende Teil stammt aus der Zeit von 1508 bis 1519. Südlich des Westturms steht die zweigeschossige Katharinenkapelle. Huttengruft und -kapelle grenzen an. Die karolingische Krypta zählt zu den ältesten sakralen Baudenkmalen Deutschlands.

Tel. +49 (0)6661 85359, Öffnungszeiten: Mai–Sept.: Mi 14.30 Uhr; Führung bis 10 Pers. 30 Euro

Für Genießer

Regionale Kost:
Restaurant Zeppelin
Hier werden leckere Lammgerichte der Bergwinkelschäfer serviert. „Slow Food" und Sonnenterrasse lauten die Argumente für dieses Lokal.
Schlossstr. 13
Tel. +49 (0)6661 5832
www.restaurant-zeppelin.de
Hauptgericht 9,80–20 Euro

Salami aus der Schafhaltung südlich von Schlüchtern gibt es auch in der Schäferei Lenz.
Huttener Str. 10
36381 Schlüchtern-Elm
Tel. +49 (0)6661 1707

Kultur und Erlebnis

Alte Synagoge

Der mehr als 110 Jahre alte Sandsteinbau erinnert mit seinen Radfenstern und Rundbögen an den Orient. Einst jüdisches Bethaus, dann Teelöffelfabrik und Stadtbücherei, diente das Haus als kommunales Kulturzentrum. Regisseur Volker Schlöndorff lobte es als „Hessens schönstes Kino".
Doch das war einmal.

Grabenstr. 10

Belebte Vergangenheit: die Alte Synagoge war Hessens schönstes Kino.

Schlösser und Burgen

Schloss Ramholz

Altes und neues Schloss sind von außen zu sehen, der Park steht jedem offen und wurde nach Vorgaben des Fürsten Pückler-Muskau gestaltet. Es gibt ein Schlosscafé und Restaurant in der Orangerie.

Parkstr. 4 , 36381 Schlüchtern-Ramholz, Tel. +49 (0)664 919400, www.orangerie-schloss-ramholz.de

Den Park zum Schloss (unten) hat Fürst Pückler-Muskau gestaltet (oben).

Über Nacht

Landhausstil:
Landgasthof Druschel
Die familiäre Atmosphäre wirkt anziehend.
Die zehn Zimmer sind stilvoll eingerichtet.
Hochstr. 14
36381 Schlüchtern/Wallroth
Tel. +49 (0)6661 96230
www.landgasthof-druschel.de
DZ ab 56 Euro

Touristeninformation

Krämerstr. 2, 36381 Schlüchtern
Tel. +49 (0)6661 850
www.schluechtern.de

Freiensteinau Im Vogelsberg

Die aus zwölf Dörfern bestehende Gemeinde liegt im Naturpark Hoher Vogelsberg. Hier wird naturnaher Freizeitsport praktiziert – die Seenplatte lädt dazu ein. In dem Ortsteil gibt es ein großes Reitsportzentrum, das auch therapeutisches Reiten anbietet. Am Ober-Mooser See ist ein Naturschutzinformationszentrum eingerichtet.

Für Kinder

Lamatrekking

Wer schon zehn Jahre alt ist, kann hier mit einem Lama spazieren gehen. Zwei Stunden kosten 12,50 Euro.

Grebenauer Str. 5, 36304 Alsfeld-Lingelbach,
Tel. +49 (0)6639 9181680, www.vogelsberglamas.de

Wie in den Anden – mit dem Lama unterwegs oder doch lieber per Pferd (rechts).

Nieder-Mooser See

Schwimmen, surfen, reiten, grillen und campen sind hier vorgesehen. In einer Surfschule können Bretter geliehen werden.

Sautrogrennen

Holzwannen, die man früher zum Abborsten der Schweine benutzt hat, werden zu kuriosen Wasserfahrzeugen umgebaut. Damit rudert man dann an diversen Hindernissen vorbei – kentern nicht ausgeschlossen.
Start vom Restaurant Seeblick (siehe Für Genießer)

Jährliche Feste

Nieder-Mooser Orgelkonzerte
Orgeln, Flöten und Blasinstrumente erklingen mal klassisch, mal modern.
Termine unter www.nieder-mooser-orgelkonzerte.de

Für Genießer

Fisch und Wild:
Restaurant Seeblick
Die umfangreiche Speisekarte mit frischem Fisch und heimischen Wildspezialitäten ist vielversprechend, auch viele kleine Gerichte werden angeboten.
Am Camping 2
Tel. +49 (0)6644 304
www.restaurant-seeblick.net
Hauptgericht 7–18 Euro

Über Nacht

Tierisch gut: Ferienhof Wahl's
Auf dem geprüften Kinderbauernhof gibt es viele Tiere, wer will, kann auch auf dem Trecker mitfahren.
In der Aue 1
36355 Grebenhain-Metzlos
Tel. +49 (0)6644 7251
www.hof-wahls.de
FeWo 37–60 Euro

Touristeninformation

Alte Schulstr. 5
36399 Freiensteinau
Tel. +49 (0)6666 96000
www.freiensteinau.de

Herbstein
Die Kurstadt

Das 33 Grad warme Heilwasser im Thermalbad dient der Entspannung. Es kommt aus Hessens höchster Heilquelle. Das Kurmittelhaus mit Therapie- und Fitnesscenter trägt ebenso wie das breite Angebot an Bade- und Trinkkuren zum Wohlbefinden des Gastes bei. Mit Boule, Minigolf, Angeln und Tennis sind auch andere Freizeitangebote vorhanden. Die teilweise begehbare Ringmauer und drei Wehrtürme sowie viele Fachwerkhäuser aus dem 17. bis 19. Jahrhundert liefern dem Heilbad eine idyllische Kulisse.
2012 besteht die Stadt seit 750 Jahren.

Herbsteiner Springerzug

Jedes Jahr am Rosenmontag ist das Spektakel zu beobachten: Der Herbsteiner Springerzug zieht durch die Gassen, eine Tradition, die 1672 ihren Anfang nahm. Die „Springer" sind 13 Junggesellen, von denen einige Frauenkleider tragen. Diese „Paare" hüpfen durch die Stadt, was eine durchaus atemberaubende Fortbewegung ergeben kann. An der Spitze springt der Prinz, der hier „Bajazz" gerufen wird.

Erste Adresse mit Tradition – Schloss Eisenbach bei Lauterbach.

Sehenswertes

Fastnachts- & Statt-Museum

Figuren aus dem Fastnachtsbrauch des Springerzuges (siehe Textbox) sind hier ausgestellt. Ein Film führt die jährliche Aufführung vor Augen. Auch ist der Stadtbrand von 1907 nachgestellt. Berichtet wird ebenso über Auswanderer von Herbstein.
Obergasse 5 (Touristeninformation), Tel. +49 (0)6643 960019, Öffnungszeiten: Mo–Fr 10–12/ 14–16 Uhr; Erw. 2 Euro, Kinder 1 Euro

Kultur und Erlebnis

Herbsteiner Lebensspirale

Dieser Meditationsweg am Wasserlauf befindet sich auf einem Fliesenmosaik am Kurpark.
Adolph-Kolping-Str. 12

Fahren auf dem Vulkanradweg

Die Trasse der ehemaligen Odenwaldbahn bietet Inlinern und Radfahrern auf 94 Kilometern Länge eine gut asphaltierte Strecke ohne große Steigungen durch Wälder und Wiesen.

Für Kinder

Taschenlampenführung

Durch das unterirdische Burggewölbe gehen und Spukgeschichten lauschen, genau das Richtige für Kinder ab zehn Jahren mit ihren Eltern.
Erw. 4 Euro, Kinder 2,50 Euro, anmelden bei der Touristeninformation

Für Genießer

In idyllischer Lage:
Gasthaus und Café Burg Post
Am Schloss Eisenbach drei Kilometer südlich von Lauterbach Richtung Herbstein bietet das Lokal regionale Küche. Sonntag ab 10 Uhr gibt es Frühstücksbüffet.
Eisenbach 1
36341 Lauterbach/Eisenbach
Tel. +49 (0)6641 644150
www.burgpost-eisenbach.de
Hauptgericht 9–15 Euro

Jährliche Feste

Fastnacht
Traditionelle „Foaselt" mit Rosenmontagszug (siehe Textbox), Eiersammeln und -essen sowie Begraben der Fastnacht am Tag nach Rosenmontag. Am Sonntag danach wird der Winter beim Hutzelessen ausgetrieben.

Touristeninformation

Am Marktplatz 7
36358 Herbstein
Tel. +49 (0)6643 96000
www.herbstein.de

Durch das Rotkäppchenland Zwischen Alsfeld und Fritzlar

Wir sind im „Rotkäppchenland" – 17 Städte und Gemeinden zwischen Vogelsberg, Marburg, Schwalm und Knüll erinnern an das Märchen der Grimms. Das hängt mit der Tracht zusammen, die seit 150 Jahren bis heute in der Region getragen wird. Zu ihr gehört ein rotes Käppchen bei den jungen, unverheirateten Frauen.

Rotkäppchen und der Wolf – eines der beliebtesten Märchen überhaupt.

Die Motive haben schon die Künstler der ältesten deutschen Malerkolonie in Willingshausen festgehalten. Das ist heute noch ein sehr sehenswerter Ort, den viel mit Kunst verbindet. Weiter östlich rund um den 634 Meter hohen Knüll breitet sich eine liebliche Landschaft zum Wandern aus, im Winter geht es auf die Langlaufloipe. Die Städte wie Homberg (Efze) oder Schwalmstadt sind imposant. Fritzlar sticht mit seinem mittelalterlichen Stadtbild hervor. Alsfeld verbreitet einen ähnlichen Charme. In einem der Fachwerkhäuser der Stadt befindet sich das Märchenhaus, in dem sonntagnachmittags Geschichten erzählt werden. Dann liegt noch Marburg auf der Route: Verwinkelte Gassen und eine terrassenförmig angelegte Altstadt mit Schloss zusammen mit studentischem Flair verleihen der größten Metropole in diesem Abschnitt einen hohen Erlebniswert.

Alsfeld Zauberhaftes Oberhessen

Wer Fachwerk liebt, muss Alsfeld gesehen haben. Im einstigen Hofsitz der Karolinger im 8. Jahrhundert stehen heute noch viele gut restaurierte Fachwerkhäuser aus dem 14. bis 19. Jahrhundert. Das ist in Deutschland selten. Das Rathaus mit Fachwerk und Türmchen gehört zu den schönsten im ganzen Land. Apotheke, Hochzeitshaus, Weinhaus und viele Gassen im Zentrum sollte niemand verpassen. Die Kreisstadt am linken Ufer der Schwalm liegt im nördlichen Vogelsberg. In Alsfeld starten viele Gäste zu Touren durch das größte zusammenhängende Vulkangestein Europas mit seiner einmaligen Landschaft. Auch die Nähe zur Autobahn Frankfurt-Kassel lässt Ausflügler hier Halt machen, um sich die europäische Modellstadt genauer anzuschauen.

Regionale Kultur wird präsentiert in regionaler Bauweise.

Jährliche Feste

Stadt- und Heimatfest
Mit Trachtengruppen und Blasmusik geht es am ersten Augustwochenende rund. Auf der Bühne am Marktplatz spielen danach Bands zur Party auf. Bis nach Mitternacht wird getanzt.

Rotkäppchenwoche
In der vierten Woche der hessischen Sommerferien gibt es Märchenwanderungen, -fahrradtouren, selbst -gottesdienste. Im ganzen „Rotkäppchenland" wird eine Woche märchenhaft gefeiert.

Silvesterwürfeln
Am 31. Dezember um 13 Uhr beginnt der Spaß in den Gaststätten. Es gibt viele Preise zu gewinnen.

Märchenhaftes

Rundgänge

Die Zahl der Führungen ist groß, doch die meisten lassen sich nur als Gruppe buchen, was dann im Fall des Themas „Brüder Grimm" für eine Stunde mit 230 Euro zu Buche schlägt. Die Touristeninformation berät und informiert über die geeignete Stadterkundung – vielleicht mit dem Nachtwächter für 9,50 Euro pro Teilnehmer für Gruppen ab 15 Personen. Eine Broschüre informiert über 39 Stationen, die sich bei einem eineinhalbstündigen Rundgang auch allein entdecken lassen.
www.alsfeld.de/stadtrundgang

Beim Rundgang zu treffen: Rotkäppchen, der Wolf und Fachwerk.

Alsfelder Märchenhaus

Für jedes Märchen ein Extrazimmer: In einem gibt eine Märchenerzählerin die Sagen zum Besten. Im Obergeschoss sind Puppenstuben aus zwei Jahrhunderten zu sehen, die meisten stammen aus dem Erzgebirge. Schon das Fachwerkhaus von 1628 ist ein Kleinod.

Sackgasse 2, Tel. +49 (0)6631 9110243, Öffnungszeiten: Sa, So 14–17 Uhr; in den hessischen Schulferien tgl. 15–17 Uhr; zu jeder vollen Stunde „offenes Erzählen"; Erw. 3 Euro, Kinder 2 Euro, www.alsfeld.de

Ein Haus voller Märchen – und schon von außen ein Schmuckstück.

Was ist Ahleburger Käs?

Die Metzgereien bieten Presskopf, Kartoffelwurst und Schwartenmagen an (Obergasse). Der Hackbraten mit Zwiebelsoße heißt Ahleburger Käs. Auch der Salzekuchen – eine hessische Variante des Flammkuchens – hat viele Anhänger (Stadtbäckerei Rahn und Bäcker Günthers). Alsfelder Küsschen, Kopfsteinpflaster und Marzipanteller sind hingegen Süßigkeiten. Die Stadt bietet dazu einen „Spezialitätenrundgang" an.

Sehenswertes

Rathaus mit Alsfelder Elle

An der linken Ecke ist noch die „Alsfelder Elle" im Mauerwerk zu sehen. Sie diente Marktleuten als Maß. Das Erdgeschoss des 1512 bis 1516 errichteten Fachwerkidylls war früher eine Markthalle. Im ersten Stock befinden sich die Wappentafeln der Ratsherren seit 1633. Es bietet sich von hier ein Bummel durch die Altstadt an.

Alsfelds ältestes Fachwerkhaus

Es steht am Markt 2, die ältesten Teile stammen aus dem Jahr 1350.

Ellenlang und wunderhübsch: Die Elle (linke Seite unten) half den Marktleuten. Sie befindet sich am Alsfelder Rathaus, ein Symbol der Stadt.

Regionalmuseum
Da wird in den beiden Patrizierhäusern Minigerode und Neurath, in der das Museum Platz findet, auch die Schwälmer Tracht gezeigt. Die acht Meter lange Wendeltreppe ist aus einem Eichenstamm gebaut und ein Prachtstück. Anschaulich wird man über die Geschichte der Region informiert.
Rittergasse 3–5, Tel. +49 (0)6631 4300,
Öffnungszeiten: Do–So 11–13/14–16 Uhr; Erw. 3 Euro, Kinder 1,50 Euro, www.regionalmuseum-alsfeld.de

Für Genießer

Kreative Küche:
Adel.es Restaurant
Mit Terrasse, Biergarten und Gewölbekeller hat das Haus in zentraler Lage alle Voraussetzungen, die Gäste rundum mit Wohlgefühl zu versorgen.
Markt 2–3
Tel. +49 (0)6631 705833
www.adeles.de
Hauptgericht 16–19 Euro

Leonhardsturm
Das „Storchennest" ist ein 1386 erbauter Rundturm mit Zinnenkranz und 27 Meter hoch. Er grenzt an die Stadtmauer.

Dreifaltigkeitskirche
Die einstige Klosterkirche wurde 1435 mit einer asymmetrischen Halle erweitert. Sehenswert ist das Kreuzrippengewölbe.

Walpurgiskirche
Die Hauptkirche der Stadt ist ein Gemisch aus vielen Stilelementen wie romanischer Taufstein, Schnitzaltar und spätgotische Kreuzigungsgruppe.

Kultur und Erlebnis
Fahrt mit der Postkutsche oder Brotbacken (Auskunft in der Touristeninformation).

Schlösser und Burgen
Burg Herzberg
Die originalgetreu restaurierte Anlage wird bei einer Führung stolz vom Freiherrn persönlich präsentiert. In der Burgschänke lässt sich anschließend mittelalterlich speisen.

36287 Breitenbach /H., Tel. +49 (0)6675 512, Öffnungszeiten: Do–Di ab 11 Uhr; Führung 4,50 Euro pro Pers. (für Gruppen ab 15 Pers.), www.burg-herzberg.de und www.herzbergschaenke.de

Schloss Romrod

Sechs Kilometer außerhalb der Stadt Alsfeld liegt das Fachwerkidyll Romrod mit dem Schloss (siehe auch „Über Nacht").

Hohe Mauern, spitze Türme: Schloss Romrod.

Über Nacht

Modern in alten Mauern: hôtel schloss romrod
Alsfelder Str. 7
36329 Romrod
Tel. +49 (0)6636 9181700
www.schloss-romrod.com
DZ 126–189 Euro

Touristeninformation

Markt 3
(im Weinhaus)
36304 Alsfeld
Tel. +49 (0)6631 182165
www.alsfeld.de und
www.rotkaeppchenland.de

Marburg
Die Studentenstadt

„Es sind mehr Treppen auf den Straßen als in den Häusern." So sahen schon die jungen Jurastudenten Jacob und Wilhelm Grimm die Stadt hoch über der Lahn. Festes Schuhwerk ist – auch wegen des Kopfsteinpflasters – beim Rundgang durch die terrassenförmig ansteigende Altstadt angeraten. Enge Gassen, Fachwerkhäuser und studentisches Leben – das ist Marburg. Wer die verwinkelten, buckeligen Gassen am südlichen Hang des Schlossbergs hinaufgeht, sollte

Hoch über der Lahn thront das Landgrafenschloss.

sich immer wieder umdrehen – der Blick ins Lahntal und auf die märchenhafte Stadt lohnt sich. Etwas außer Atem erreicht der Besucher das Schloss. Hier bauten die Landgrafen von Thüringen im 12. Jahrhundert ihre Festung, und so begann sich rundherum eine Stadt zu entwickeln. Dann kam eine großherzige Witwe auf die Tagesordnung: Von 1228 an war Marburg der Sitz der Landgräfin von Thüringen, die vorher auf der Wartburg wohnte. Die Heilige Elisabeth hatte nach dem Tod ihres Mannes, Ludwig IV. von Thüringen, ein Stück Land bei Marburg erhalten. Sie gründete vor den Stadttoren ein Hospital, in dem sie selbst die Kranken pflegte. Das war praktizierte Nächstenliebe, weshalb die Gute noch heute verehrt wird.

Leidenschaft entfacht

Es waren die Begegnungen in Marburg, die bei den Brüdern Grimm das Interesse an Hausmärchen weckten. 1803 lernten sie bei ihrem Jurastudium die Romantiker Clemens Brentano und Achim von Arnim, dessen Schwager, kennen. Eine andere Schwester Brentanos war mit dem Rechtsgelehrten Friedrich Carl von Savigny verheiratet. Er führte die Grimms nicht nur in die deutsche Rechtsgeschichte ein, sondern begeisterte sie auch für die Erforschung altdeutscher Literatur. Marburg war für den weiteren Lebensweg der Brüder Grimm von entscheidender Bedeutung.

Bis 1604 residierten in Marburg zeitweise die hessischen Landgrafen. Das Jahr 1527 war aus heutiger Sicht entscheidender: Landgraf Philipp I, genannt der Großmütige, gründete die erste protestantische Universität in Deutschland. „Andere Städte haben eine Universität, Marburg ist eine Universität", heißt es in einem geflügelten Wort. Mit rund 21.000 Studierenden und 3.400 Beschäftigten ist die Philipps-Universität der größte Arbeitgeber und zusammen mit dem Pharmastandort Behringwerke der wichtigste Wirtschaftsfaktor der rund 80.000 Einwohner zählenden Stadt.

Märchenhaftes

Stationen der Brüder Grimm

Die Lebensstationen der Grimms lassen sich heute noch gut ablaufen: die Alte Universität, das Haus der Romantik (Markt 16 mit Sonderausstellungen und Vorträgen), der Forsthof (Ritterstraße 16), wo Friedrich Carl von Savigny wohnte (heute Studentenwohnungen). Eine Gedenktafel erinnert in der Barfüßerstraße 35 an die Wohnung der Grimms (1802–1806). Zeichnungen von Ludwig Emil Grimm sind im Universitätsmuseum zu sehen. Der Maler Otto Ubbelohde (1867–1922), der die Grimm'schen Märchen illustrierte, wurde in Marburg geboren. Die Motive zu seinen Illustrationen fand er in der Umgebung seiner Heimatstadt.

Durch die Gassen geht es zu den Lebensstationen der Brüder Grimm.

Jährliche Feste

Weidenhäuser Höfefest
Anfang September servieren die Bewohner hessische und internationale Köstlichkeiten zu Livemusik und Kleinkunst in den Hinterhöfen.

Elisabethmarkt mit Entenrennen
Ob Kuriositätenjahrmarkt auf dem Marktplatz, Krammarkt oder Weinboulevard: Im Oktober kommen alle auf ihre Kosten. Höhepunkt ist eine Armada gelber Quietscheenten, die auf der Lahn um die Wette schwimmen.

Open Eyes
Kurzfilme aller Formate aus dem In- und Ausland sind beim Filmfest im Juli zu sehen. www.openeyes-filmfest.de

Altstadtfest
Am zweiten Juliwochenende findet ein buntes Markttreiben mit Musik, Drachenbooten und Kleinkunst statt.

Grimm-Dich-Pfad
Zwischen Altstadt und Schloss erinnern seit 2009 Figuren und Objekte aus den Märchen der Brüder Grimm an ihre Wirkungsstätte. Vom Golddukaten spendenden Eselshintern aus *Tischlein deck dich, dem Wolf und den sieben Geißlein* bis zu den sieben Fliegen des Tapferen Schneiderlein wird erzählt, teilweise auf Schildern, neuerdings auch auf QR-Codes. Wer über ein geeignetes Handy verfügt, wird zu Erläuterungen im Internet geleitet. Eine kostenlose Stadtkarte mit den Stationen des Grimm-Dich-Pfads ist in der Touristeninformation erhältlich.

Ein sechseckiger Treppenturm teilt das Rathaus.

Sehenswertes

Elisabethkirche

Sie ist das Ziel fast aller Besucher – die erste rein gotische Hallenkirche in Deutschland. Rund fünfzig Jahre (ab 1235) wurde an ihr gebaut. Bis die beiden achtzig Meter hohen Türme fertig waren, dauerte es nochmals fünfzig Jahre. Im Nordchor liegt das Grab der Heiligen Elisabeth (1207–1231, 1235 selig gesprochen). Der Deutsche Orden hatte beim Bau der Kirche diese zwar der Schutzpatronin geweiht – das war die Jungfrau Maria. Aber als die Landgräfin Elisabeth von Thüringen hier beigesetzt worden war, zog es die Menschen von weit her an.
Eines der bedeutendsten Wallfahrtziele des Mittelalters erhielt schnell den Namen Elisabeths.
Elisabethstr. 1, Öffnungszeiten: Nov.–März: 10–16 Uhr; April–Sept.: 9–18 Uhr; Okt.: 10–17 Uhr, www.elisabethkirche.de

Till Eulenspiegels Farben

Eine Sage von Till Eulenspiegel spielt in Marburg. Eulenspiegel ließ sich vom Landgrafen von Hessen Geld für Farben geben, mit denen er ein Bild malen wollte. Er zeigte dem Grafen dann die weiße Leinwand und machte ihm weis, wer unehelich geboren sei, könne das Bild nicht sehen. Der Graf war verblüfft und bat andere, das Gemälde zu betrachten. Als auch die nichts darauf erkennen konnten, wollte man Eulenspiegel zur Rede stellen. Doch der war bereits über alle hessischen Berge verschwunden.

Michelchen

Wenn auch die St.-Michaels-Kapelle – Michelchen genannt – Besuchern verschlossen ist, liefert die gotische Kapelle von 1270 einen netten Anblick. Der kleine Park des alten Pilgerfriedhofs lädt zu Spaziergängen ein.
Elisabethstraße

Alte Universität und Universitätskirche

Im ehemaligen Dominikanerkloster gründete Landgraf Philipp der Großmütige 1527 die Universität.
Es gab 17 Dozenten und 88 Studenten. Heute sind in Marburg etwa 20.000 Studenten in 16 Fachbereichen eingeschrieben. Die Alte Aula mit der hölzernen

Kassettendecke wird noch als Festsaal genutzt. Auch die gotische Universitätskirche ist sehenswert.
Reitgasse 1, Öffnungszeiten: Di–So 9–18 Uhr, www.universitaetskirche.net

Kasematten

Rund um das Landgrafenschloss wurden unterirdische Geschützstände angelegt. Vier davon – eine als Ruine – sind erhalten und lassen sich bei Führungen besichtigen, was fast ein bisschen unheimlich wirkt.
Schlossvorhof, Führungen: April–Okt.: Sa 15.15 Uhr

Über Nacht

Klein und fein: Chalet Marburg
Die Ferienwohnung mit Waldblick ist eine prima Abwechslung für den Kurzurlaub.
Brüder-Grimm-Str. 33
35039 Marburg
Tel. +49 (0)2173 56672
Chalets 35–55 Euro
www.chalet-marburg.de

Barrierefrei und ökologisch: Hotel im Kornspeicher
Zimmer für Allergiker oder für Menschen mit Einschränkungen gehören zum Angebot.
Molkereistr. 6, 35039 Marburg
Tel. +49 (0)6421 948410
www.hotel-kornspeicher.de
DZ 49,50–70 Euro

Magische Anziehung: die Elisabethkirche und der Schrein der Heiligen Elisabeth.

Für Genießer

Kleines Haus ganz groß:
Das kleine Restaurant
Auf halbem Weg von der Altstadt zum Landgrafenschloss werden leichte Menüs gezaubert, dazu gibt es eine große Weinauswahl.
Barfüßertor 25
Tel. +49 (0)6421 22293
www.das-kleine-restaurant.de
Hauptgericht 10–21 Euro

Speisen unterm Gewölbe:
kostBar
Deutsche Küche trifft auf mediterrane Kochkunst; große Auswahl für Vegetarier, preiswerter Mittagstisch.
Barfüßerstr. 7
Tel. +49 (0)6421 161170
www.kostbar-marburg.de
Hauptgericht 9–19 Euro

Mediterran:
Hostaria Del Castello
Ausgezeichnete italienische Küche und sieben unterschiedlich eingerichtete Zimmer in einem alten Fachwerkhaus am Marktplatz laden zum Verweilen ein.
Marktplatz
Tel. +49 (0)6421 24302 (Hotel)
+49 (0)6421 25884 (Restaurant)
www.del-castello.de
Hauptgericht 20 Euro

Kilian

Die dem Märtyrer St. Kilian geweihte Kirche entstand schon um 1180. Das Steinhaus mit Fachwerkaufsatz hat aber keinen Turm, denn mit der Reformation widmete der Landgraf das Haus um. Es diente als Zunftstube der Schuhmacher, weshalb aus dem Kirchhof der Schuhmarkt wurde. Später nutzte man es als Waisenhaus und Gestapoquartier. Bis vor Kurzem hatte das Deutsche Grüne Kreuz hier seinen Sitz.

Kultur und Erlebnis

Breites Angebot an Theater, Kunst und Film unter www.marburg.de

Touristeninformation

Pilgrimstein 26, 35037 Marburg
Tel. +49 (0)6421 99120
www.marburg.de

Schlösser und Burgen

Landgrafenschloss

Wer den 420 Quadratmeter großen gotischen Fürstensaal betritt, spürt einen Hauch der Geschichte des im 12. Jahrhundert begonnenen Bauwerks auf der Buntsandsteinkuppe des rechten Lahnufers. Der Enkel der Heiligen Elisabeth, Landgraf Heinrich I., baute hier seine Residenz auf. Im Westflügel sind noch Reste einer alten Burganlage aus dem 9. Jahrhundert zu erkennen. Bis 1604, als Landgraf Ludwig IV. kinderlos starb, diente das Schloss als Residenz der hessischen Landgrafen. Danach war es Gefängnis und hessisches Staatsarchiv. Im Wilhelmsbau sind auf fünf Stockwerken die Objekte des Universitätsmuseums für Kulturgeschichte zu sehen – darunter Ritterschilde, Wandteppiche und keltische Münzfunde.

Schloss 1, Tel. +49 (0)6421 2822355,
Öffnungszeiten: April–Okt.: 10–18 Uhr; sonst 10–16 Uhr

Links: Innenhof des Landgrafenschlosses; unten: Außenansicht

Lahntal
Die Malerische

Sagenhafter Pfarrer

Pfarrer Johann Heinrich Christian Bang in Goßfelden war ein guter Freund von Friedrich Carl von Savigny, dem Rechtsprofessor. So kamen auch die Brüder Grimm oft hierher. Der Pfarrer sammelte Sagen aus dem Marburger Raum, die so Eingang in die Sammlungen der Grimms fanden. Bang half ihnen auch bei der Erstellung des Deutschen Sprachatlas.

Wiesentäler, waldreiche Höhen und eine Flusslandschaft prägen die aus sieben Ortsteilen bestehende Gemeinde. Hier waren die Brüder Grimm oft zu Besuch bei Pfarrer Bang.

Märchenhaftes

Otto-Ubbelohde-Haus

Der Illustrator vieler Kinder- und Hausmärchen der Brüder Grimm hatte hier von 1900 bis 1922 seinen Lebensmittelpunkt. Otto Ubbelohde malte die Landschaft und porträtierte Menschen. Sein Atelier ist eine Entdeckung. Sein Nachlass umfasst 3.000 Skizzen und Zeichnungen.

Otto-Ubbelohde-Weg 30, 35094 Lahntal-Goßfelden, Tel. +49 (0)6423 964402, Öffnungszeiten: Sa, So 11–17 Uhr

Rundweg

Er führt vom Otto-Ubbelohde-Haus in Goßfelden über 16 Stationen zu Orten, an denen sich einige der Motive, die Otto Ubbelohde gemalt hat, wiedererkennen lassen. Infotafeln erläutern dem Wanderer weitere Details.

Illustrator Grimmscher Märchen: Otto Ubbelohde. In seinem Haus sind seine Werke zu sehen.

Sehenswertes

Rimbergturm

Im Ortsteil Caldern bietet auf dem 498 Meter hohen Rimberg ein Aussichtsturm Weitblick.

Klostermauer Caldern

Ein Teil der Klostermauer wurde restauriert. Das Kloster existierte nur bis 1527.

Wichtelhäuser Steine

Die Felsgruppe in Brungershausen eignet sich zum Wandern und Kraxeln.

Lahnbrücke in Goßfelden

Schon 1802 existierte die Brücke (eingeritzt an der Ostwand). Sie trug schon die Soldaten Napoleons, die hier vorbeizogen.

Für Genießer und über Nacht

Saisonales aus der Region: Calantra
Neben einheimischem Wild findet sich auch manchmal Elch auf der Tageskarte. In dem Fachwerkhaus kann in Zimmern im Landhausstil übernachtet werden.
Rimbergstr. 1
35094 Lahntal-Caldern
Tel. +49 (0)6420 826992
www.calantra.de
DZ ab 65 Euro
Hauptgericht 9–18 Euro

Ubbelohde malte Rapunzel in Amönau nördlich von Marburg.

Touristeninformation

Oberdorfer Str. 1, 35094 Lahntal
Tel. +49 (0)6420 82300
www.lahntal.de

Neustadt (Hessen)
Das Fachwerkrund

Die Grafen von Ziegenhain gründeten um 1250 Neustadt, dabei ist die Gegend seit etwa 6.000 Jahren besiedelt. Die Gemeinde liegt fast in der Mitte zwischen Frankfurt und Kassel im Marburger Land. Das heutige Wahrzeichen stammt von 1480 – es ist der größte Fachwerkrundbau der Welt.

Der größte Fachwerkrundbau der Welt: Junker-Hansen-Turm.

Sehenswertes

Junker-Hansen-Turm

Als Festungsbau begonnen, als Wohnturm vollendet – das mächtige Bauwerk besteht aus vier Meter dicken Wänden im steinernen Unterbau. Über 68 Stufen führt eine Wendeltreppe ins zweistöckige Fachwerkobergeschoss. Sechzig Stufen geht es noch höher. Da wird die Trägerbalkenkonstruktion des achteckigen „Helmes" sichtbar. Dann fällt der Blick des Besuchers auf Stadt und Umland.

Tel. +49 (0)6692 890, Öffnungszeiten: März–Nov.: 1. So im Monat 15–17 Uhr; Eintritt frei, www.stadt-neustadt-hessen.de

Ausgelassen feiern – mit Maske, in Tracht und im Riesenrad.

Jährliche Feste

Faschingsumzüge
Sie sind wegen ihrer kreativ gestalteten Wagen und Kostüme weithin bekannt.

Trinitatiskirmes
Größtes Volksfest der Region – es wird am Sonntag nach Pfingsten gefeiert.

Straßenmalerfestival
Im August oder September wird das Pflaster der Innenstadt zur Galerie für mehr als 150 Maler. Livemusik spielt auf dem Marktplatz.

Historisches Rathaus

Aus dem 16. Jahrhundert stammt dieses Schmuckstück mit steinernem Unterbau. Oben sind braunes Fachwerk mit Rundbögen und Spitztürmen zu bewundern.
Marktplatz

Forstkapelle

Mitten im Wald gibt es Heilige Messen im Freien an der Kapelle. Von Neustadt aus über die Hindenburgstraße fahren, am Sportplatz der Waldschule vorbei, entlang der Bahn bis zur Kreuzung im Wald; rechts liegt ein Rasenparkplatz, von dort führt ein Waldweg zur Kapelle.
www.dreifaltigkeit-neustadt.de

Solide gebaut: unten Stein, oben Fachwerk – das historische Rathaus.

Kultur und Erlebnis

Bürgerpark

Im Zentrum des Ortes finden sich ein großer Teich und ein Platz der Ruhe – 4,5 Hektar Raum zur Entspannung.

Freizeit aktiv – mit Forstkapelle, Kirche und Damwild.

Über Nacht

Tradition: Gasthof Zur Krone
Mittendrin gelegen, verströmt das Haus hier Gastlichkeit.
Marktplatz 2
Tel. +49 (0)6692 204028
DZ 40 Euro

Auf dem Bauernhof: Hof Stern
Esel Paul und Pony Charley, dazu Kühe, Schweine und Kaninchen: Auf dem bewirtschafteten Bauernhof knüpfen Kinder schnell tierische Kontakte. Die Ferienwohnung ist kindgerecht ausgestattet.
Hochlandstr. 19
35279 Neustadt-Mengsberg
Tel. +49 (0)6692 1310
FeWo 40 Euro

Touristeninformation

Stadt Neustadt
Ritterstr. 5–9
35279 Neustadt
Tel. +49 (0)6692 890
www.stadt-neustadt-hessen.de
und www.regionherrenwald.de

Tourismusservice Rotkäppchenland
Hauptstr. 2 a
36275 Kirchheim
Tel. +49 (0)6625 919597
www.rotkaeppchenland.de

Willingshausen
Die Künstlerkolonie

Wer hätte die älteste Malerkolonie Deutschlands in Willingshausen vermutet? Hier schwang seit 1830 Gerhardt von Reutern die Pinsel. Das Museum im Gerhardt-von-Reutern-Haus vereint alles, was den Ort früher bestimmte. Da von Reutern viele andere Landschaftsmaler kannte und sich auch oft in Russland, der Schweiz und Italien aufhielt, lud er sie immer wieder nach Willingshausen ein. So kamen weitere Maler in den Ort wie Ludwig Knaus, Adolf Lins, Carl Bantzer oder Jakob Fürchtegott Dielmann. Mehr als 120 Künstler waren im Laufe der Jahre hier zu Gast.

Alles mit links

Der Baltendeutsche Gerhardt von Reutern (1794–1865) kämpfte als russischer Offizier in der Völkerschlacht bei Leipzig 1813. Er hatte sich die rechte Schulter so schwer verletzt, dass sein rechter Arm amputiert werden musste. Zur Genesung zog er zu den Schwiegereltern seines Bruders ins Schwertzellsche Haus in Willingshausen. 1814 besuchte von Reutern Goethe in Weimar, der sein Zeichentalent erkannte. So begann der Kriegsversehrte, Bauern, Mägde und die Schwälmer Tracht zu malen – alles mit links. Das brachte kaum Geld ein, aber er erhielt ein Ehrengehalt der kaiserlich-russischen Familie. Die zeichnete er dafür gern und oft.

So zieren von Reuterns Werke sogar die weltberühmte Petersburger Eremitage. Willingshausen war ihm aber ans Herz gewachsen. So heiratete er hier 1820 Charlotte von Schwertzell. Bald kam ein Kollege vorbei: Ludwig Emil Grimm, der jüngere Bruder der Grimms. Die beiden verstanden sich und begannen die Freiluftmalerei. Sie zogen mit der Staffelei ins Feld, was zuvor kaum üblich war. Von Reuterns Freund Goethe steckte ihm nun Geld zu, damit er leben konnte. Der Maler bedankte sich mit der Federzeichnung Huteeichen, *die in Weimar ausgestellt ist.*

Von Reuterns Schwager Fritz von Schwertzell hatte mit Wilhelm Grimm in Kassel das Fridericianum besucht und später in Marburg studiert. So besuchten auch die Grimms öfter das Dorf. Fritzens Schwester Wilhelmine sammelte zahlreiche Märchen, die sie den Grimms übermittelte.
Der nordhessische Ort liegt idyllisch am Flüsschen Antrift am Fuße des Knüll, ein 634 Meter hoher, rundlicher Gebirgszug, in dem die Efze entspringt. Für Kinder ist das ländliche Willingshausen noch heute eine große Spielwiese.

Jährliche Feste

Moot bey de Mehl
Auf dem regionalen Markt am Pfingstmontag sind handwerkliche und bäuerliche Produkte im Angebot.

Schwälmer Markt
Im September stellen die Handwerker aus, es gibt Aktionen für Kinder und Kulinarisches.

Sehenswertes

Gerhardt-von-Reutern-Haus

Eine Führung durch das Gebäude bringt dem Gast die hohe Bedeutung des Hauses als Ursprung der Landschaftsmalerei nahe. Im Malerstübchen zeigt sich Kunstgeschichte des 19. und 20. Jahrhunderts. Wiedererworbene Gemälde von Gerhardt von Reutern und Emil Grimm sind zu bewundern. Alltagsmotive, bäuerliche Handwerkskunst und Schwälmer Weißstickerei faszinieren den Betrachter.
Merzhäuser Str. 1, Tel. +49 (0)6697 1418, Öffnungszeiten: Di–So 10–12/14–17 Uhr (bitte anmelden); Erw. 2 Euro, Kinder 1 Euro, www.willingshausen.de

Gerhardt von Reutern – sein Haus und seine Malerei.

Hirtenhaus

Denkmalgeschütztes Wohnhaus aus dem 17. Jahrhundert. Hier wohnen die Stipendiaten, denn jedes Jahr werden zwei Künstlerstipendien vergeben.
Hermann-Metz-Str. 11, www.hirtenhaus-willingshausen.de

Erbehof Schwälmer Töpferei

Traditionelle Töpferware, Keramik und Keramikschmuck werden in dem alten Bauernhof gefertigt. Dabei kann man zusehen, außerdem gibt es einen Verkaufsladen.
Untergasse 12, Tel. +49 (0)6697 386,
Öffnungszeiten: Mo–Fr 14–18 Uhr; Sa 10–13 Uhr;
Eintritt frei, www.erbehof.de

Das denkmalgeschützte Hirtenhaus

Über Nacht

Mit Kegelbahn:
Landgasthof Pfalzgraf
Rustikale Zimmer und Schwälmer Regionalgerichte wie Schmondhering met gesurene Kartüffeln sind typisch für die Gegend.
Fischbacherstr. 1
34628 Willingshausen-Merzhausen
Tel. +49 (0)6697 555
www.landgasthof-pfalzgraf.de
DZ ab 50 Euro

Für Maler: Die Gürre Stubb
Hotel, Restaurant und Café mit vegetarischer und Vollwertkost bieten besondere Angebote für Malkursteilnehmer.
Bernsburger Str. 1
Tel. +49 (0)6697 919100
DZ 47–58 Euro
www.landurlaub-hessen.de

Dorfmühle

In der umgebauten Getreidemühle von 1747 wird Strom aus Wasser gewonnen. Die Bioprodukte stammen aus ökologischem Landbau. Fleisch, Wurst und andere Landprodukte werden angeboten.
Untergasse 6–8, Tel. +49 (0)6697 1477,
Öffnungszeiten: Sa 10–13 Uhr;
Eintritt frei, www.dorfmuehle.net

Friedhof

Der Grimmforscher Wilhelm Schoof (1876–1975) ist hier begraben. Er lebte im Ort.

Für Kinder

Malkurse

Die Vereinigung Malerstübchen fördert in der Tradition des Ortes Malerei und Grafik. Zum Beispiel werden eintägige Kurse für Kinder (36 Euro) angeboten, aber auch mehrtägige für Erwachsene.
Merzhäuser Str. 1, Tel. +49 (0)6691 96300 (Gemeinde), Öffnungszeiten: Di–So 10–12/14–16 Uhr, www.malerkolonie.de und www.malerstuebchen-willingshausen.de

Klettern im Schlossgarten

Für alle Altersgruppen bietet der Klettergarten im Loshäuser Schloss das passende Niveau. Es können auch Kurse in Teamtraining und Floßbau gebucht werden.
Schloss Loshausen, Kasseler Str. 39, 34628 Willingshausen-Loshausen, Tel. +49 (0)6691 921950, Öffnungszeiten: Mai–Okt.: 10–18 Uhr, www.skywalker-klettern.de

Radfahren

Der neue Radweg entlang der stillgelegten Bahnstrecke Treysa–Bad Hersfeld misst 70 Kilometer. Die Route bietet herrliche Aussichten. Abseits der Verkehrsstraßen führt sie durch idyllische Wiesentäler, Waldstücke. und Fachwerkstädtchen. Der hessische Radfernweg R4 führt vorbei, drei regionale Routen sind zu befahren.
Auskunft in der Touristeninformation

Für Genießer

Schwälmer Kaffeetafel: Café Die Gürre Stubb
Hier werden zu Kaffee und Kuchen Trachten und Stickereien präsentiert (siehe Über Nacht). Über die Streuobstwiese mit Naschgarten freuen sich nicht nur die kleinen Besucher!

Touristeninformation

Merzhäuser Str. 1
34628 Willingshausen
Tel. +49 (0)6697 1418
www.willingshausen.de und
www.rotkaeppchenland.de

Rotkäppchen und die Schwälmer Tracht

Es liegt wohl an der „Betzel", der kleinen, roten Kappe, auf dem „Schnatz". Das ist der zwiebelartig aufgesteckte Haarknoten der Schwälmer Landfrauen. Sie machen die Tracht bis heute berühmt bis hin nach Japan und in die USA. Es ist eine der wenigen Regionen in Deutschland, in der auch heute noch viele Frauen die 150 Jahre alte Trachtentradition fortführen. So wurde ihr der Titel „Tracht des Jahres 2009" verliehen. Kein Wunder also, dass schon früh Künstler kamen, die diese typische Kleidung in ihrer idyllischen Umgebung malten, wie in der Kolonie Willingshausen.

Trachten und Farbsymbolik

Die Vielfalt der Trachten, die von Dorf zu Dorf etwas abweicht, folgt einer Farbsymbolik. Junge Frauen tragen Rot. Sind sie verheiratet, ist der Stoff grün. Blau oder Violett tragen Frauen, wenn das erste Kind konfirmiert worden ist. Ältere Frauen wechseln zu Schwarz. Beim Abendmahl in der Kirche mussten Frauen über ihre rote „Betzel" eine blaue Ziehhaube stülpen. Ein Schulterumhang mit vielen bunten Bändern sowie goldbestickte Brustbänder kamen bei der Hochzeit zum Einsatz. Der Bräutigam trug zu seiner Tracht mit weißen Kniehosen und schwarzem Kirchenrock einen Hut mit bunten Glaskugeln und Flitterwerk. Dieser Kopfschmuck nannte sich „Lust". Es fehlt zwar der letzte Beweis, aber eine junge Frau in dieser Tracht, zu der auch die kurzen, abstehenden Röcke gehören, soll die Vorlage zum Märchen *Rotkäppchen* geliefert haben. Andere sagen, das Märchen sei älter als die Tracht und stamme gar nicht aus dieser Gegend. Wieder andere Quellen behaupten, schon die Heilige Elisabeth habe im 13. Jahrhundert als Tochter des ungarischen Königs eine vergleichbare Tracht von dort mitgebracht. In Ungarn und Österreich gibt es auch ähnliche Märchen mit Piroschka als Heldin. Die erste schriftliche Fassung stammt von 1697 aus Frankreich – *Le Petit Chaperon rouge* von Charles Perrault. Die rote Kappe aber gehört zu Rotkäppchen. Der Anfang des Märchens, aufgeschrieben von den Brüdern Grimm, liest sich in der Version von 1857 so: *„Es war einmal eine kleine, süße Dirne, die hatte jedermann lieb, der sie nur ansah, am allerliebsten aber ihre Großmutter, die wusste gar nicht, was sie alles dem Kinde geben sollte. Einmal schenkte sie ihm ein Käppchen von rotem Sammet, und weil ihm das so wohl stand und es nichts anderes mehr tragen wollte, hieß es nur das Rotkäppchen ...“*

Inhalt als Warnung

Dann kommt es zum Unglück: Das Kind spricht trotz der Warnung der Mutter auf dem Weg zur kranken Großmutter im Wald mit einem Wolf. Der horcht sie aus und überredet sie zum Blumenpflücken. In der Zeit geht der Wolf ins Haus der Großmutter, verschluckt sie und legt sich in ihren Kleidern ins Bett. Als Rotkäppchen kommt, erkennt sie den verkleideten Wolf nicht, der sie bald auffrisst. Hier ist das Märchen bei Perrault zu Ende, der aber einen Moralappell anfügt mit der Warnung vor bösen Männern. Bei den Grimms kommt ein Jäger, der den Wolf erschießt, Großmutter und Rotkäppchen befreit und Steine in den Bauch des Tieres einnäht, das dann stirbt. Generell wird der Inhalt als Warnung verstanden: Junge Mädchen sollten sich nicht mit fremden Männern einlassen. Der böse Wolf gilt als Synonym für sexuelle Absichten, die rote Kappe als ein Zeichen der Pubertät.

Vorlage für Rotkäppchen – die rote „Betzel“.

Schwalmstadt
Die Doppelte am Fluss

Das Zentrum des Schwälmer Landes ist Schwalmstadt. Unter diesem Namen vereinigten sich 1970 die beiden Städte Treysa und Ziegenhain sowie elf Landgemeinden. Treysa, schon im 8. Jahrhundert als hersfeldisches Klostergut erwähnt, war ein wohlhabender Handelsort und erhielt durch die Ansiedlung von Hugenotten ab 1701 neue Impulse. Auch der Gleisanschluss Ende des 19. Jahrhunderts gab der Wirtschaft Auftrieb.

Ein Rundgang durch Treysa zeigt die mittelalterliche Stadtbefestigung und gibt den Fernblick frei – auf das Schwalmtal und Knüllgebirge. Der Hexenturm ist als Rundturm fast ganz erhalten. Am Stein- oder Töpfertor in der Steingasse sind die ältesten Häuser Treysas zu bewundern.

Als historisches Zentrum des Schwalmbeckens war Ziegenhein schon 1144 erwähnt worden. Zwei Handelswege kreuzten sich hier. Der Reichtum wuchs. Mächtige Grafen regierten. Von 1537 bis 1817 war Ziegenhain eine bedeutende Garnisonsstadt. Noch heute erinnert die Wasserfestung daran.

Der Hexenturm in Treysa

Märchenhaftes

Pfarrer und Tochter als Märchensammler

Die Brüder Grimm hatten in dieser Gegend ihre Zuträger von Märchen: Pfarrer Adam Mannel aus Allendorf an der Landsburg sowie seine Tochter Friederike. Pfarrer Ferdinand Siebert in Treysa zeichnete lustige Bilder zu den Märchen Vom klugen Schneiderlein oder Der Arme und der Reiche. Der Ziegenhainer Schulrat Johann Heinrich Schwalm brachte viele Sagen zu Papier.

Sehenswertes

Marktplatz mit Brunnen

Die Brunnenfigur zeigt das Johannismännchen von 1683, es steht für Marktgerechtigkeit. Fachwerkhäuser umgeben den Platz in Treysa.

Der Wallgraben umgibt das Herz von Ziegenhain – die Wasserfestung.

Vom klugen Schneiderlein

Die Prinzessin gab jedem Fremden, der sie besuchte, ein Rätsel auf. Nur wer es lösen könnte, sollte sie heiraten. Viele scheiterten. Das Schneiderlein aber konnte ihre Frage „Ich habe zweierlei Haar auf dem Kopf, von was für Farben ist das?" sofort beantworten: ein silbernes und ein goldenes. Da sie so verwundert war über die richtige Antwort, stellte sie ihm eine weitere Aufgabe: Er solle eine Nacht im Stall beim Bären zubringen. Sie dachte: Damit bin ich den Mann los, denn das Tier ließ keinen lebendig. Das Schneiderlein saß nun im Käfig mit dem Bär – und begann, Nüsse zu knacken und zu essen. Das wollte der Bär auch. Das Schneiderlein reichte ihm jedoch Wackersteine, die er trotz aller Mühe nicht knacken konnte. Dann holte das Schneiderlein seine Violine hervor und spielte darauf. Das gefiel dem Bär und er tanzte dazu. Er wollte sogar Geigenunterricht nehmen. „Zeig deine Tatzen her", befahl das Schneiderlein. Da die Nägel zu lang waren, holte das Schneiderlein einen Schraubstock, klemmte die Bärentatzen ein und legte sich auf ein Bund Stroh, um einzuschlafen. Der Bär brummte die ganze Nacht. Am Morgen sah die Prinzessin nach und fand das Schneiderlein fidel wie ein Fisch im Wasser. So heiratete sie das kluge Schneiderlein.

Jährliche Feste

Salatkirmes mit Trachtenumzug
Im Juni, 14 Tage nach Pfingsten, wird in Ziegenhain an ein fröhliches Salatessen im Jahr 1728 erinnert. Damals versuchte Landgraf Karl, die Bauern für den Anbau der Kartoffeln zu begeistern. Das Fest ist eines der größten Trachten- und Heimatfeste in Hessen.
www.salatkirmes.de

Hutzelkirmes mit Festzug
Im August feiert Treysa sein großes Volksfest. Beim Umzug am Sonntag Nachmittag ist ein jährlich wechselndes Thema in bunten Bildern zu erleben.
www.hutzelkirmes.de

Michaelismarkt
Am dritten Sonntag im September stehen die Geschäfte offen, es gibt einen Stadtlauf und Koffer werden versteigert.

Rathaus
Im Jahr 2006 neu aufgebaut, strahlt das Fachwerkhaus wieder Glanz aus. Die Wetterfahne trägt das Stadtwappen von Treysa aus dem Jahre 1651.

Ruine der Totenkirche
Rund um das Wahrzeichen aus dem 12. Jahrhundert finden oft Freiluftveranstaltungen statt.

Hospital zum Heiligen Geist
1367 erstmals erwähnt, wurden hier schon im Mittelalter Kranke versorgt. Auf dem sechseckigen Turm sind Figuren zu sehen.

Museum der Schwalm
Das Steinerne Haus aus dem 14. Jahrhundert entstand aus dem Burgmannensitz der Herren zu Falkenberg. Seit 1949 befindet sich hier ein Museum. Die Schwälmer Tracht ist zu sehen, außerdem sind Beispiele der Weißstickerei ausgestellt.

Schwälmer Heimatbund e. V., Paradeplatz 1, Tel. +49 (0)6691 3893; Öffnungszeiten: Di–Fr 10–12/15–17 Uhr; Sa, So 11–17 Uhr; Erw. 2,50 Euro, Kinder 0,50 Euro; www.museum-der-schwalm.de

Unter Dampf: Einsteigen zur Sonderfahrt bitte!

Kultur und Erlebnis

Dampflokfahrt
Das Betriebsgelände ist Samstag Nachmittag zu besichtigen, Sonderfahrten bitte erfragen.
Eisenbahnfreunde Treysa, Ulrichsweg 26, 34613 Schwalmstadt Treysa, Tel. +49 (0)172 5801026, www.lokschuppen-treysa.de

Schlösser und Burgen

Wasserfestung Ziegenhain

Die ab 1537 von Landgraf Philipp dem Großmütigen errichtete Wasserfestung galt als uneinnehmbar, sodass der Begriff „so fest wie Ziegenhain" entstand. In Teilen ist die Anlage erhalten und wird als Gefängnis genutzt. Vom Besucherzentrum am Paradeplatz werden Führungen auf Anfrage organisiert. Jeden dritten Samstag im Monat um 14.30 Uhr findet eine offene Stadtführung statt. Dabei sind auch die Stadtkirche, der Fruchtspeicher, die Reithalle oder die Festungsküche zu sehen.
Paradeplatz 7, Auskunft bei Schwalm-Touristik (siehe Informationen)

Die Ruine der Totenkirche von Treysa dient als Kulisse für Musicals und andere Veranstaltungen.

Über Nacht

Fachwerktraum:
Hotel Rosengarten
Das restaurierte alte Haus bietet Schlemmertage, Beauty und Wellness.
Muhlystr. 3
Tel. +49 (0)6691 94700 und +49 (0)171 2765563
www.rosengarten-schwalmstadt.com
DZ 70 Euro

Für Genießer

Zünftig: Restaurant Ziegelhütte
Im Haus und im Biergarten werden leckere Speisen serviert.
Schützenwald 1
Tel. +49 (0)6691 3222
www.restaurant-ziegelhuette.de
Hauptgericht 10 – 22 Euro

Touristeninformation

Paradeplatz 7 (Alte Wache),
34613 Schwalmstadt-Ziegenhain
Tel. +49 (0)6691 71212
www.schwalm.de und
www.schwalm-touristik.de

Schrecksbach
Im Zeichen der Kapelle

Im Zentrum der Schwalm zeigt sich der kleine Ort lieblich. Von hier aus starten Wanderer, Radler und Motorradfahrer zu ihren Touren. Der Ortsname bedeutet nichts Schauderhaftes, die Schrecke bezeichnet einen bewaldeten Höhenzug.

Weithin zu erkennen: die romanische Kapelle auf dem Schönberg. Rechts : die evangelische Kirche im Ort.

Märchenhaftes

Märchenhaus Neukirchen

Rapunzels langer Zopf führt zum Eingang in das Fachwerkhaus aus dem 16. Jahrhundert im Märchenhaus des Nachbarortes Neukirchen. Grimm'sche Exponate und Märchenszenen sind zu sehen, historische

Tischtheater und eine Laterna Magica gehören dazu. Mit der „Zauberlaterne" wurden vom 17. bis 19. Jahrhundert gemalte Lichtbilder auf eine Wand projiziert. Im Erzählraum können bis zu 25 Gäste den Märchenerzählern lauschen – dienstags um 15 Uhr gratis, sonst für Gruppen nach Anmeldung.
Marktplatz 10, 34626 Neukirchen, Tel. +49 (0)6628 772495, Öffnungszeiten: Jeden Di sowie jeden 1. So im Monat 15–17 Uhr; Erw. und Kinder 1,50 Euro, www.neukirchen.de

Sehenswertes

Kapelle Schönberg

Die drei alten Glocken im Turm sind von 1511, 1687 und aus dem 15. Jahrhundert.
Die Kapelle selbst wurde um das Jahr 1000 aus Steinen auf einem Basaltkegel aufgeschichtet und ist somit eines der ältesten Kulturdenkmäler aus der Zeit. Bis zur Reformation war Schönberg ein Wallfahrtsort. Die Tradition, zu Christi Himmelfahrt dorthin zu pilgern, hat sich bis heute erhalten. Drei alte Grabsteine zeugen von der Kunst der örtlichen Steinmetze.
Borngasse

Dorfmuseum Holzburg

In der Pfarrscheune von 1718 hat Pfarrer Heinz Metz Zeugnisse der Dorfkultur gesammelt.
Eine beeindruckende Trachtensammlung ist zu sehen.
Brunnenstr. 11, Tel. +49 (0)6698 911405, Öffnungszeiten: So 14–17 Uhr; Erw. 3 Euro, Kinder 2 Euro, www.dorfmuseum-holzburg.de

Touristeninformation i

Immichenhainer Str. 1
34637 Schrecksbach
Tel. +49 (0)6698 96000
www.schrecksbach.de

Oberaula
Der Luftkurort

Am Südhang des Knüll geht die Post ab – Oberaula bietet beliebte Jogging- und Radfahrstrecken, Reiten, Golfen, Inlineskaten und sogar Beachvolleyball im modernisierten Waldschwimmbad von 1926. Schon zu Beginn des 19. Jahrhunderts galt Oberaula als Ziel der Reisenden. Der Knüllgebirgsverein wurde gegründet. Wirtschaftlichen Aufschwung brachte damals der Basaltabbau. Die Eisenbahnstrecke Treysa–Hersfeld verlegte man hier 1906. Schon 856 war Oberaula urkundlich erwähnt worden, als Ort am Eulenwasser. Daher steht die Eule im Wappen.

Sehenswertes

Kirche in Oberaula

Der vierzig Meter hohe, spitze Kirchturm aus dem 15. Jahrhundert ist weithin zu sehen. Vier kleinere Ecktürme umgeben ihn. Die Wandmalereien im Inneren sind ebenso imposant: Grau gemalte Pflanzen ranken sich um die Fenster. Die Barockorgel wurde restauriert.
Oberer Kirchweg

Schwung in der Loipe – auf Winterreise um Oberaula. Rechts: Schloss Hausen.

Über Nacht

Wellness: ★★★★ Hotel Zum Stern
Im Haupt-, Gäste- und Gartenhaus stehen 66 Zimmer bereit. Naturkosmetik und Massagen sind im Angebot. Das Restaurant wirkt gemütlich, die Speisenkarte beinhaltet ein Märchenmenü. Es gibt Pauschalangebote für mehrere Tage.
Hersfelder Str. 1, 36280 Oberaula, Tel. +49 (0)6628 92020
www.hotelzumstern.de, DZ 80–100 Euro; Hauptgericht ab 20 Euro

Kultur und Erlebnis

Selbst schnitzen

Was für eine Gaudi: Kürbis- und Rübenmännchen schnitzen mit der Volkstanz- und Trachtengruppe. Auskunft in der Touristeninformation (siehe Textbox)

Wintervergnügen

Landschaftlich sehr schöne Langlaufloipen starten am Eisenberg und in Olberode.

Schlösser und Burgen

Schloss Hausen

Auf den Resten einer alten Wasserburg der Abtei Fulda bauten die Freiherren von Dörnberg 1674 ihr Renaissanceschloss. Hier wurde Wilhelm von Dörnberg 1768 geboren. Er ging in die Geschichte ein, als er 1809 in Hessen den Aufstand gegen die französische Fremdherrschaft anzettelte. Dabei unterstützte ihn die Schwester des ehemaligen preußischen Reformers Freiherr von Stein, die Äbtissin Marianne von Stein. Sie leitete das Stift Wallenstein in Homberg (Efze).
Schlossweg 1

Touristeninformation

Hersfelder Str. 4, 36280 Oberaula
Tel. +49 (0)6628 92080
www.oberaula.de

Knüllwald – ab ins Gelände

Tief Luft holen, wandern und sich an den grünen Wiesen oder der Herbstfärbung erfreuen – so präsentiert sich der Knüllwald. Efze und Beise durchfließen das Gebiet. Für Motorradfahrer bieten sich kurvige, verkehrsarme Strecken. Auch an Radler ist gedacht: Hier steht die erste Radfahrerkirche Hessens. Die Gemeinde Knüllwald besteht aus 16 Orten, Remsfeld ist der Verwaltungssitz.

Sehenswertes

Museumsscheune Völkershain

Wie Maschinen im Laufe der Zeit den Menschen das handwerkliche und landwirtschaftliche Leben erleichtern, ist hier historisch aufgearbeitet. Dazu zieren auch Oldtimer die frühere Gutsscheune.

Ullrichsmühle 1, 34593 Knüllwald-Völkershain, Tel. +49 (0)5681 2686 oder 4635, Öffnungszeiten: jeden 1. So im Monat 14–18 Uhr; Eintritt frei, www.knuellwald.de

Wandern, Radeln, Motorrad fahren – der Knüllwald bietet alles.

Kirchen
In Berndshausen, Ober- und Niederbeisheim und Remsfeld stehen Wehrkirchen. Die letztere wurde mit Wandmalereien aus dem 16. Jahrhundert geschmückt. Die um 1600 erbaute Kirche in Reddingshausen ist seit 2007 die erste Radfahrerkirche Hessens und liegt am Radweg R 17. Der fünfzig Kilometer lange Efzetalweg führt von Wabern bis Loshausen.

Für Genießer

Schmackhaft:
Forellenhof Herrenau
Die Fische leben in den Hausteichen, sind schmackhaft und lassen sich auch zum Verzehr nach Hause mitnehmen.
Zur Herrenau 1,
34593 Knüllwald-Völkershain
Tel. +49 (0)5681 2295
www.forellenhof-herrenau.de
Hauptgericht ab 13,50 Euro

Lochbachklamm
Die Gesteinswände an den Seiten des Bachlaufs sind ausgewaschen. Roter Buntsandstein ist zu sehen. Die Klamm im Knüll gehört zu den seltenen Landschaftsformen im Norden Hessens. Manchmal färbt sich das Wasser, das in die Efze mündet, blau. Dann sind Mineralien darin gelöst. Der 8,5 Kilometer lange Lochbachklammpfad ist als Rundweg ausgeschildert.

Kultur und Erlebnis

Lebendiges Bienenmuseum
Alles, was Mensch und Biene betrifft, ist hier erläutert. Das kleine Museum im Fachwerkhof hält viele Gegenstände und Erläuterungen bereit. Dazu passend serviert man im Café Bienenstich und Honigbrote. Die Umgebung im Beisetal ist malerisch.

Lebendiges Bienenmuseum

Jährliche Feste

Ritterspiele und mittelalterlicher Markt
An der Burgruine Wallenstein wird im August kräftig gefeiert. Die kämpfenden Ritter geben beste Fotomotive ab.
www.burgwallenstein.de

Beiseförther Str. 12, 34593 Knüllwald-Niederbeisheim, Tel. +49 (0)5685 499, Museums- und Geländeführung bis 5 Pers. 12,50 Euro; Kaffee und Kuchen mit einstündiger Führung 5 Euro, www.lebendiges-bienenmuseum.de

Ja, die Rittersleut'

Wie es so zuging bei den Rittern, zeigen Showeinlagen während des Festes im August an der Burgruine. Ein vom Richter verurteilter Küchenmeister wird durchgekitzelt und mit einer klebrig-süßen Paste eingeschmiert. Zum Essen gibt es zum Beispiel geröstete und mit Honig karamellisierte Haferflocken.

Offroad Park – Böser Wolf

Hier kann jeder „baggern wie blöde" – es sind meist Männer, die sich eine Raupe, einen Radlader oder einen Panzer schnappen und durchs Gelände röhren. Der siebzig Hektar große Park bietet viel Platz für den Fahrspaß.

Knüllwalder Tagebau, Hellwigwerke 4, 34593 Knüllwald-Remsfeld, Tel. +49 (0)172 5690662, Öffnungszeiten: April–Okt.: Sa, So 10–18 Uhr; Nov.– März: Sa, So 10–16 Uhr, www.offroadpark-knuellwald.de

Was für eine Landschaft: zum Genießen, für den Familienausflug (rechts oben) und beim Offroad-Vergnügen (rechts unten).

Knüllwälder Holzmichel
Holzprodukte vom Vogelhäuschen bis zum Kinderrad werden hier noch von Hand gefertigt.
Bergacker 3, 34593 Knüllwald, Tel. +49 (0)5685 8175

Wandern
Die bekanntesten Wege sind die Premiumwanderwege, der Lochbachpfad, der Hutewaldweg, der Elisabethpfad sowie die astronomische Wanderung.

Schlösser und Burgen

Burgruine Wallenstein
Unterhalb des 474 Meter hohen Berges Babloh stehen seit dem Dreißigjährigen Krieg nur noch die Reste der Burg. Sie war im 12. Jahrhundert vom Hersfelder Abt zur Kontrolle seines westlichen Herrschaftsgebietes errichtet worden. Der Treppenturm ist begehbar und bietet von oben eine herrliche Aussicht. In der Nähe liegen ein Café und ein Campingplatz mit Naturbadesee.
Burgstr. 35; frei zugänglich

Über Nacht

Wildspezialitäten:
★★★ Knüllhotel Tann-Eck
Hausschlachtung sowie bürgerliche Küche und modern eingerichtete Zimmer bietet das Hotel Tann-Eck.
Burgenweg 2
34593 Knüllwald-Schellbach
Tel. +49 (0)5681 99210
www.hoteltanneck.de
DZ 78 Euro

Touristeninformation

Hauptstr. 34
34593 Knüllwald-Remsfeld
Tel. +49 (0)5681 930808
www.knuelltouristik.de

Homberg (Efze)
Ein Traum in Rot

Sie ist eine der schönsten im ganzen Hessenland – die Kreisstadt am Basaltkegel. Mitten im Grünen gelegen präsentiert sich die Fachwerkstadt mit ihren Dächern als „Traum in Rot". Ein kleiner Spaziergang eignet sich, um die Schönheiten „abzulaufen". Dabei erfährt man einiges von der spannenden Geschichte Hombergs.

Jährliche Feste

Marktplatzkonzerte
Juli–Sept.: Sa 11–13 Uhr

1809 begann hier der Aufstand: Freiherr Wilhelm von Dörnberg, in Oberaula geboren, lehnte sich mit einem Heer schlecht bewaffneter Freiwilliger gegen die Herrschaft Jérôme Bonapartes auf. Napoleons Bruder behielt zunächst die Oberhand. Im Dörnbergtempel, der auf Resten des Bächtenturms der Stadtmauer als biedermeierlicher Gartenpavillon steht, trafen sich die Aufwiegler heimlich. Äbtissin Marianne von Stein vom Stift Wallenstein in Homberg unterstützte den Freiherrn ebenfalls. Zum Beispiel stickten die Stiftsdamen den Aufständischen eine Fahne.
Erhalten ist noch ein Kupferstich von Matthäus Merian dem Älteren von 1655. Viele der dort abgebildeten Fachwerkhäuser stehen heute noch.

„Ein Traum in Rot" – so zeigt sich Homberg.

Die weiße Frau

Der Türmer vom Schlossberg war ein Verräter, denn er blies sein Horn nicht zum Alarm, als die feindlichen Truppen nachts die Stadt überfallen wollten. Man hatte den Mann bestochen. Doch die Magd war hellwach in jener Nacht. Sie weckte die Homberger mit ihren Rufen, fand das Wächterhorn und konnte doch nur von einer Seite des Turms Alarm geben, denn der Türmer hatte die anderen drei verriegelt. Zwar büßte die Magd ihr Leben ein. Der Türmer stieß sie in den tiefen Brunnen, aber die Stadt war gerettet. Nun erscheint der Sage nach alle sieben Jahre wieder eine weiße Frau auf dem Schlossberg.

Märchenhaftes

Kirchhofslinde

Mit seinen Büchern *Der Schelm im Volk* und *Märchenstunde bei den Brüdern Grimm* hat sich Heinrich Ruppel (1886–1974) als Schriftsteller und Erzähler einen Namen gemacht. Er lebte lange Zeit in der Stadt, in der er als Taubstummenlehrer arbeitete. Ein Verkehrskreisel vor seinem einstigen Wohnhaus trägt noch seinen Namen. Der mächtigen Kirchhofslinde am Marktplatz widmete er ein Gedicht.

Schon auf alten Bildern sind Linde, Marktplatz und Kirche zu sehen.

Sehenswertes

Marktplatz

Als Fußgängerzone präsentiert sich der Platz mit den Fachwerkhäusern wie Löwenhaus oder Weißer Hof jetzt schöner. Das Gasthaus Zur Krone von 1480 gilt gar als bedeutendster Fachwerkbau in Hessen – ein Gedicht in Schwarz-Weiß. Das größte Fachwerkhaus am Marktplatz beherbergt seit 1701 eine Apotheke. Grimmforscher Wilhelm Schoof wohnte in dem Haus.

Hochzeitshaus

Darin zeigt das Heimatmuseum ein detailreiches Stadtmodell von der Zeit vor dem Dreißigjährigen Krieg. Alte Gussöfen erinnern an die Eisenverarbeitung. Eine Apotheke, Töpferei sowie eingerichtete Wohnräume geben Einblicke in die Alltagswelt der Zeit um 1900.
Pfarrstr. 26, Tel. +49 (0)5681 2640, Öffnungszeiten: April–Okt.: Mi 14.30–16.30 Uhr; Sa, So 10–12/ 14.30–16.30 Uhr; Erw. 1,50 Euro, Kinder 1 Euro

Schöner denn je: der Marktplatz ist ein Anziehungspunkt.

Hohlebachmühle

Die Wassermühle in Homberg wurde schon 1415 erwähnt und war bis 1984 in Betrieb. Nach ihrer Sanierung und Restaurierung ist die uralte Technik der einzigen originalgetreu wiederhergestellten Mühle heute im Museum zu besichtigen.
Ziegenhainer Str. 51, Tel. +49 (0)5681 3085, Öffnungszeiten: Museum nach Vereinbarung; Erw. 1 Euro, mind. 10 Euro bei kleineren Gruppen

Kultur und Erlebnis

Singliser See

Die nach dem Braunkohleabbau geflutete Grube gilt als Treff der Surfer. Die nennen ihn wegen des leuchtend blauen Wassers „hessische Karibik".
Main-Weser-Straße, 34582 Borken-Singlis, www.singliser-see.de

Für Genießer

*Waidmannsheil:
Gasthaus Jagdbaude
Wildgerichte werden durch leckere Salate und Vorspeisen ergänzt; einfache Gerichte gibt es im Biergarten.
Seckenhain 10, 34576 Homberg
Tel. +49 (0)5681 9390735
www.jagdbaude-wildpark-knuell.de
Hauptgericht 10–15 Euro*

*Abendmahlzeiten: Hotel und Restaurant Zur Linde
Hessische Spezialitäten werden kunstvoll serviert.
Unter der Linde 2, 34593 Knüllwald-Rengshausen
Tel. +49 (0)5685 201
www.adihotels.de
Hauptgericht 20 Euro*

Über Nacht

*Gastliches Idyll:
Hohlebachmühle
In der ehemaligen Mühle lässt es sich komfortabel übernachten. Das dazugehörige Restaurant ist Mitglied bei „Hessen à la carte": Hier werden Gerichte nach alten Rezepten aufgetischt.
Ziegenhainer Str. 51,
34576 Homberg (Efze)
Tel. +49 (0)5681 938380
www.hohlebachmuehle.de
DZ 88 Euro*

Hessisches Braunkohle Bergbaumuseum

Untertage einfahren ins Bergbaumuseum, das ist hier ein Erlebnis. Oben im Themenpark wird unterhaltsam über Kohle und Energie informiert, 400 Jahre Bergbaugeschichte sind modern präsentiert.
Das Naturschutzinformationszentrum Borkener See liegt ebenfalls dort.

Am Rathaus 7, 34582 Borken-Singlis, Tel. +49 (0)5682 808271

Brüderchen und Schwesterchen

Der Brunnen am Marktplatz erinnert an das Märchen der Geschwister, die auf der Flucht vor ihrer Stiefmutter durch den Wald gingen, in dem alle Brunnen verwunschen waren. Immer wenn das dürstende Brüderchen Wasser schöpfen wollte, hörte das Schwesterchen eine Stimme. Sie sprach etwa: „Wer aus mir trinkt, wird ein Wolf." Lange konnte das Mädchen den Bruder vom Trinken abhalten, bis er es schließlich doch tat und an einem Brunnen in ein Reh verwandelt wurde. Schwesterchen und Reh fanden zu einem Haus im Wald. Bald kam der König auf Jagd, stellte dem Reh nach, das tagsüber unterwegs war, und erschlich sich Zutritt zum Haus.
Er nahm das Mädchen zur Frau, die mit dem verwunschenen Bruder aufs Schloss zog. Als die Stiefmutter davon erfuhr, versuchte sie alles, um die Königin zu töten und ihre leibliche Tochter an ihre Stelle zu bringen. Am Ende überlebt jedoch das Schwesterchen, und das Reh wird wieder ins Brüderchen verwandelt.

Das Märchen der Brüder Grimm stammt von 1857.

Themenpark „Kohle & Energie" und Naturschutzinformationszentrum

Am Freilichtmuseum 1, 34582 Borken-Singlis,
Öffnungszeiten: Ostern–31. Okt.: Di–Sa 14–17 Uhr, So 12–17 Uhr

Bergbaugeschichte / Besucherstollen

Am Amtsgericht 2–4, 34582 Borken-Singlis
Ostern–31. Okt.: Di–Sa 14–17 Uhr, So 12–17 Uhr,
1. Nov. –Ostern: Di–So 14–17 Uhr

Gedenkstätte Stolzenbach an der Landstraße zwischen Dillich und Stolzenbach
Öffnungszeiten: April–Okt.: Di–Sa 14–17 Uhr; So 12–17 Uhr; Kombikarte Erw. 6,50, Kinder bis 12 J. 2,50 Euro, Rentner/Jugendliche 5 Euro, www.braunkohle-bergbaumuseum.de

Für Kinder

Naturzentrum und Wildpark Knüll
Vierzig Arten, 200 Tiere und lehrreiche Exkursionen durch den Wildpark machen den Besuch zu einem Erlebnis. Bären und Wölfe gehören dazu.
Im Seckenhain 10, 34576 Homberg, (Efze)-Allmuthshausen, Tel. +49 (0)5681 2815, Öffnungszeiten: tgl. 9–19 Uhr; Nov.–Jan.: Sa, So ab 10 Uhr bis zur Dämmerung; Erw. 4 Euro, Kinder 1,50 Euro, www.wildpark-knuell.de

Schlösser und Burgen

Burgruine Hohenburg
Auf dem Homberger Schlossberg ist der tiefste in Basalt gehauene Burgbrunnen Deutschlands zu sehen. 150 Meter geht es hinab. 1613 hatten ihn die Bergleute endlich in den Stein gehauen. Von „Hohenburg“ leitet sich der Stadtname Homberg ab. Bestechend aber ist der Ausblick von hier oben: auf die weite Landschaft mit Bergkuppen, hellgrünen Feldern und dunkelgrünen Wäldern.

Tief graben, weit sehen – die Reste der Burg Hohenburg.

Touristeninformation i

Marktplatz 19, 34576 Homberg (Efze), Tel. +49 (0)5681 939161 oder 939162 www.homberg-efze.eu

Fritzlar
Die Lebendige

Bei den vielen Festen in der Altstadt lebt der mittelalterliche Ort auf. Dabei spielt Tradition eine beachtliche Rolle: Das vom Heiligen Bonifatius gegründete Benediktinerkloster war der Ursprung für die Ansiedlung. Über Jahrhunderte war sie ein Treffpunkt von Königen und Kaisern. Die Stadtmauer mit zwölf Wehrtürmen steht noch heute. Und das Schönste: Selten lässt sich irgendwo so ein geschlossenes, mittelalterliches Stadtbild finden. Schon der Dom ist imposant – was für ein Juwel! Die dreischiffige romanisch-gotische Basilika mit Krypta, Kreuzgang und Museum sowie ihrem Domschatz legt ein eindrucksvolles Zeugnis ab, wie bedeutend die Stadt einst war. Kirchenversammlungen von großer politischer und kirchlicher Bedeutung fanden hier statt, und Sachsenherzog Heinrich wurde 919 zum König von Franken und Sachsen erhoben. Im 11. Jahrhundert ging Fritzlar an die Mainzer Erzbischöfe, die es bis 1803 nicht wieder hergaben. Das rote Mainzer Rad im Stadtwappen erinnert heute noch an die lange Zeit.

Die Stadt ist auch naturnah:
Nur wenige Schritte von der Innenstadt entfernt kann man herrlich durch die Ederauen spazieren. Der Erlenbruchwald ist ein Naturdenkmal, der vom Wasser des Edersees gespeist wird. Viele wandern auch auf dem Mühlengrabenpfad.
Er ist als Rundweg angelegt und verbindet sich mit dem Kunstwanderweg „Ars Natura“.

Majestätisch erhebt sich der Dom der Stadt.

Sehenswertes

St.-Petri-Dom

(bis Nov. 2012 wegen Renovierungsarbeiten geschlossen, Krypta offen)

Mit Schatz und Museum ist der Dom ein Ziel, das jeden begeistert, der alte Bücher und Handschriften mag. 10.000 gedruckte Bände ab 1501 sind zu sehen, die Schatzkammer sowie das Kaiser-Heinrich-Kreuz von 1020. Die dreischiffige Basilika ist einfach ein Erlebnis, selbst für Besucher, die der Kirche sonst fernstehen. Für die anderen gibt es noch zu sehen: die Stadtkirche, die Heiliggeistkapelle, St. Katharinen, das Fraumünster, St. Brigida und die Siechenrasenkapelle.

Dr.-Jestädt-Platz 11, Tel. +49 (0)5622 99990, Öffnungszeiten: Di–Sa 10–12 / 14–16 Uhr; So 14–16 Uhr; Eintritt: Erw. 2,50 Euro, Kinder 1 Euro, www.katholische-kirche-fritzlar.de

Museum im Hochzeits- und Patrizierhaus

Von der Geschichte der Frühzeit über Landwirtschaft und Technik, gusseiserne Öfen sowie die Geologie der Region informiert das Haus eindrucksvoll. Alte Grenzsteine zieren den Innenhof. Im Sommer durch Kräuter- und Wildpflanzengarten zu gehen, ist ein Genuss.

Am Hochzeitshaus 6–8, Tel. +49 (0)5622 798597, Öffnungszeiten: Di–Fr (von Mai–Okt. auch Sa) 10–12 / 15–17 Uhr; So 15–17 Uhr; Erw. 2 Euro, Kinder 0,50 Euro, www.regionalmuseum-fritzlar.de

Jährliche Feste

Karnevalsumzug am Rosenmontag

Wochenmarkt
Von Mai bis Oktober gibt es jeden Samstag frische regionale Produkte und dazu Musik.

Pferdemarkt
Das angeblich größte Volksfest in Nordhessen geht am zweiten Donnerstag bis Sonntag im Juli über die Bühne.

Kaiserfest
Drei Tage lang herrscht mittelalterliches Treiben in der Altstadt.

Kultursommer Nordhessen
Ballett, Klassik und Schauspiel sind auf dem Domplatz am ersten Wochenende im August zu erleben.

Rathaus

Seit 1109 diente das Fritzlarer Amtshaus als Verwaltungssitz der Mainzer Bischöfe. 2009 wurden die Giebeltürmchen wieder aufgesetzt – dafür spendeten die Bewohner kräftig Geld. Weitere sehenswerte Häuser: Gildehaus, Spitzenhäuschen, Haus Seibel und Haus Lambert.

Grauer Turm

Aussichtsturm mit Folteretage und Informationen über die Missionierung Nordhessens durch Bonifatius – was für eine Mischung! Mit 38 Metern handelt es sich um den größten erhaltenen städtischen Wehrturm in Deutschland. Die weiteren Türme der Wehranlage wie Bleichen- und Winterturm sind ebenfalls auf einem Stadtbummel zu erkunden.
Öffnungszeiten: April–Okt.: tgl. 9–12/14–17 Uhr; Erw. 0,45 Euro

Rolandsbrunnen

Der Doppeladler des Heiligen Römischen Reiches Deutscher Nation ziert die Rolandsfigur auf dem 1564 erbauten Renaissancebrunnen auf dem Marktplatz. Das heißt, Gericht und Markt unterstanden dem Schutz des Kaisers.

Für Genießer und Über Nacht

Fürstlich speisen und übernachten: Schloss Garvensburg
Ob im Roten Salon, Jägerzimmer oder Wintergarten – überall werden feine regionale Speisen sowie internationale Gerichte serviert. Es lässt sich auch herrschaftlich übernachten.
Obertor 13, 34560 Fritzlar-Züschen, Tel. +49 (0)5622 798230
www.garvensburg.de, DZ 79–105 Euro; Hauptgericht 12–25 Euro

Mittendrin: Hotel und Restaurant Zur Spitze
Tradition beherrscht das Haus in bester Altstadtlage.
Am historischen Marktplatz, 34560 Fritzlar, Tel. +49 (0)5622 1822
www.zur-spitze.de, DZ ab 65 Euro; Hauptgericht 7,50–21 Euro

Kultur und Erlebnis

Empfehlenswert ist eine Führung durch die mittelalterliche Altstadt mit Begrüßungstrunk.
Anmelden bei der Touristeninformation (siehe Textbox)

Ars Natura

Rund hundert Kunstwerke stehen auf siebzig Kilometern Wanderweg durchs Kurhessische Bergland.
www.ars-natura-stiftung.de

Für Kinder

Eder-Auen-Erlebnisbad

Das auf 25 Grad beheizte Freibad ist von Frühling bis Herbst ein Treff für Familien.
Pipprichsweg, Tel. +49 (0)5622 79829, Öffnungszeiten: Mai–Sept.: Mo – Fr 6–20 Uhr; Sa 8–20 Uhr; So 9–20 Uhr; Erw. 3,50 Euro, Kinder 1,50 Euro

Donar und die Eiche: der Blitz kam nicht.

Die Donar-Eiche

Der Ursprung der Stadt war kirchlich, denn der angelsächsische Missionar Bonifatius fällte 723 die Donar-Eiche im etwas westlich gelegenen Geismar. Die Eiche war ein Baum, der dem germanischen Gott Donar geweiht war. Die heidnischen Chatten, die hier lebten, erwarteten, dass Bonifatius deshalb vom Blitz getötet würde. Da das aber nicht eintraf, konnte der Missionar sie vom Christentum überzeugen. Sie ließen sich taufen. Aus der mächtigen Eiche baute er eine Kapelle, die er dem Heiligen Petrus weihte. Daneben gründete er das Benediktinerkloster. Der Schriftsteller Wolfdietrich Schnurre (1920–1989) erwähnte die Donar-Eiche 1978 in seinem Roman Der Schattenfotograf.

Touristeninformation

Zwischen den Krämen 5
34560 Fritzlar
Tel. +49 (0)5622 988643
www.fritzlar.de

Sagenhaftes Nordhessen Zwischen Gudensberg und Kassel

Von der zauberhaften Kurstadt Bad Wildungen über Waldeck am Ederstausee mit den unzähligen Freizeitangeboten reicht das Spektrum dieses Abschnitts der Märchenreise bis zur Metropole Kassel. Aktivitäten wie Wassersport und Ausflüge durch die weiten Buchenwälder und in Orte wie Schauenburg stehen auf dem Programm. Dort kann man in der Märchenwache, einem alten, liebevoll restaurierten Feuerwehrhaus, in die Welt der Sagen und Zuträger der Märchen eintauchen. Hier und in der Knallhütte in Baunatal lebten die Sammler vieler Geschichten, die sie aus dem Volk und von Durchreisenden aufschnappten und den Brüdern Grimm überlieferten. Daher widmet sich ein Exkurs den drei Hauptpersonen, die als Märchenzuträger in die Geschichte eingingen.

Der Wolf und die sieben Geißlein – ein Klassiker aus Wolfhagen.

Kunst- und Kulturliebhaber zieht Kassel mit seiner Lage zwischen Herkules und Fulda in seinen Bann. Im Brüder Grimm-Museum, das gerade restauriert wurde, findet sich der wohl umfassendste Überblick über das Wirken der beiden Universalgelehrten Jacob und Wilhelm Grimm. Sie waren politisch aktiv, arbeiteten im diplomatischen Dienst und als Bibliothekar (Jacob) bzw. Sekretär der Bibliothek (Wilhelm) und verfügten über ein großes Sprachtalent.

Gudensberg
Wo die Chatten lebten

Die Fachwerkhäuser am Altmarkt, die Synagoge als Kulturhaus und die Burgruine Obernburg springen dem Besucher bei einem Rundgang schnell ins Auge. Wer sich hier und im Chattengau umschaut, betritt altes Siedlungsland. Auf dem Odenberg hielten die Chatten ihre Versammlungen ab. Es war ihre Thingstätte, denn hier lag schon vor Christi Geburt ihr Stammesland. Aus dem Namen des germanischen Volksstammes wurde später „Hessen".

Märchenhaftes

Odenberg

Die Brüder Grimm beschreiben den sagenumwobenen Odenberg in der Deutschen Mythologie. Die 381 Meter hohe Basaltkuppe bei Gudensberg umgeben zwei Ringwallanlagen. Besucher erkunden den Waldlehrpfad und besteigen den Aussichtsturm. Funde aus der Zeit bis 4000 v. Chr. belegen die frühe Besiedlung. Der

Lustig und verspielt – die Freilichtbühne im Stadtpark.

Jährliche Feste

Tour de Chattengau
Die Familienfahrradtour am zweiten Wochenende im September führt auch zu sonst verschlossenen Gebäuden am Tag des offenen Denkmals. Es gibt ein unterhaltsames Rahmenprogramm.

Gudensberger Heimatdichter Hugo Brunner erinnert in seinem Gedicht „Kaiser Karl im Odenberg" an die Sage einer blutigen Schlacht Karls des Großen gegen die Sachsen. Im Roman *Goldelse* von 1866 wählte Eugenie John den Berg als fiktiven Handlungsort.

Freilichtbühne

Diese Spielstätte im Stadtpark ist märchenhaft. Zipfel auf dem Dach, hölzerne Gänge vom Dach zu zwei acht Meter hohen Türmen und Tunnel im Untergrund – da lässt es sich herrlich spielen. Der Holzgestalter Jürgen Bergmann von der Kulturinsel Einsiedel bei Görlitz hat die Bühne geschaffen. Darauf läuft ein munteres Kulturprogramm.
Programmauskunft bei der Stadt (siehe Touristeninformation)

Schlösser und Burgen

Burgruine Obernburg

Der Schlossberg war seit 1045 Sitz der Grafen. Sie hatten wie die heutigen Besucher einen wunderbaren Weitblick von der Kuppe des 306 Meter hohen Basaltkegels. Der Schlossberg dient oft Künstlern als Ausstellungsort für ihre Objekte. Erhalten sind das Burgtor, der Unterteil des Bergfrieds sowie Teile der Mauer.

Für Genießer

Brot trifft Kunst:
Café Backhaus Schwarz
Am Sonntag ist das Frühstücksbüfett unschlagbar, in der Woche gibt es mittags kleine warme und kalte Speisen. Dazu sind wechselnde Kunstausstellungen zu sehen.
Untergasse 19
Tel. +49 (0)5603 2347
www.backhaus-schwarz.de
Hauptgericht ab 15 Euro

Touristeninformation

Kasseler Str. 2
34281 Gudensberg
Tel. +49 (0)5603 933141
www.gudensberg.de

Niedenstein
Im Namen der Linde

Fernblick – vom Hessenturm auf dem Niedensteiner Kopf in 475 Meter Höhe kann man das weite Land der Chatten gut betrachten. Hier stand bis 1385 die Burg Niedenstein. Jungsteinzeitliche Funde überraschten Archäologen am 306 Meter hohen Wartberg, der im Ortsteil Kirchberg liegt. Die zertrümmerten Knochen von Hirschen, Bären und Schafen stammen aus der Zeit um 3000 v. Chr. und liegen im Heimatmuseum Fritzlar sowie im Hessischen Landesmuseum Kassel. Der heutige Luftkurort war im 19. Jahrhundert bis zum Zweiten Weltkrieg von einer größeren Zahl jüdischer Bürger bewohnt. Sie hatten 1880 in der Bevölkerung einen Anteil von 22 Prozent.

Blick ins Land der Chatten – und die Tanzlinde gehört dazu (kl. Bild).

Sehenswertes

Tanzlinde

Sie ist mehr als 1.000 Jahre alt und wächst unterhalb des Rathauses vor dem Wichdorfer Tor. Früher spielten in der Krone manchmal Musiker von einem Podium aus.

Altenburg
Von hier starten Wanderer gern (Wanderweg N6). Bis 15 n. Chr. befand sich an diesem Ort eine große Ringwallanlage einer vorgermanischen Siedlung. Es gibt in der Umgebung Rundwanderwege von drei (vom Hessenturm aus) bis 17 Kilometer Länge (Chattenpfad).

Kultur und Erlebnis

Altenburg- und Stadtmuseum Niedenstein
Die Stadtgeschichte wird dargestellt anhand alter Dokumente.
Obertor 5, Tel. +49 (0)5624 6619, Öffnungszeiten: 1. So im Monat 14–17 Uhr, www.niedenstein.de

Wichdorfer Heimatmuseum im Bürgerhaus
Eine alte Kücheneinrichtung dokumentiert das Leben vor hundert Jahren.
Raiffeisenstr. 8, 34305 Niedenstein-Wichdorf, Tel. +49 (0)5624 6855, Öffnungszeiten: 1. So im Quartal 14–16 Uhr

Heimatmuseum im Bergtor in Kirchberg
Der Geschichts- und Heimatverein hat hier alte Stücke zusammengetragen.
Gutshof 5, 34305 Niedenstein-Kirchberg, Tel. +49 (0)5603 2164, Öffnungszeiten: Jan.: So 14–16 Uhr; April, Juli u. Okt.: jeden 1. So 14–16 Uhr

Für Genießer

Bier und Wein:
Kirchberger Jausenstation
Obstweine aus der Region, Bier vom Fass und Fleisch aus eigener Schweinemast hat das Haus zu bieten. Im Sommer wird der Biergarten geöffnet.
Rieder Str. 6b
34305 Niedenstein-Kirchberg
Tel. +49 (0)5603 1425
Öffnungszeiten:
Sa 14–18 Uhr; So 11–20 Uhr
www.jausenstation-kirchberg.de
Hauptgericht 8–18 Euro

Über Nacht

Familiär: ★★★ Märchenhotel Ferienpark Sauer
Neben Zimmern im Wanderhotel bietet der Ferienpark Sauer auch Appartments in drei Häusern.
Sengelsberger Weg 12
Tel. +49 (0)5624 99840
www.maerchenhotel-ferienpark-sauer.de
DZ ab 60 Euro

Touristeninformation

Obertor 8, 34305 Niedenstein
Tel. +49 (0)5624 99930
www.niedenstein.de

Bad Wildungen
Die grüne Wellnessoase

Im Schneewittchendorf Bergfreiheit stehen die Zwerge in der Landschaft.

Blaue Stühle weisen den Weg durch die Altstadt, das östliche Sondertal und Hessens schönsten Garten, den großen Kurpark. Die Stadt mit dem Wellnessfaktor und dem klingenden Namen als Heilbäderzentrum hat nicht nur diesen Kinder- und Familienrundweg hübsch gestaltet. Der Gesamteindruck stimmt fröhlich. Hier haben Schneewittchen und die sieben Zwerge ihren Ursprung.
Im Quellenmuseum im Nordflügel der Wandelhalle wird alles klar: Der Ort ist eng mit den warmen Quellen verbunden. Die Wirkung auf den Menschen ist wohl-

tuend. Wirtschaftlich bedeutete das den Aufschwung, denn seit dem 14. Jahrhundert sind die Quellen bekannt, bald kamen die ersten Gäste. Der Kurbetrieb im eigentlichen Sinne begann dann um 1890 in Niederwildungen, wie es bis 1906 hieß. 1940 schlossen sich Altwildungen, Reinhardshausen und Reitzenhagen an. Erwähnt wurde der Ort aber bereits um 800 als „villa wildungun". Darauf ein Schlückchen Heilwasser! Es ist gratis zu kosten im „Quellen Dom" des Südflügels der Wandelhalle. Der Kurort ist eine grüne Wellnessoase für Gesundheitsbewusste. Die neue Quellentherme verleiht einen Eindruck davon.

Woher die Zwerge kamen

Die Zwerge waren vorzeitig vergreiste Jugendliche, die im Bergwerk fernab der Sonne bei schlechter Nahrung hart arbeiteten. Der Theologe Ferdinand Siebert, der im nahen Treysa wohnte, beschrieb die Zustände der Kinderarbeit in der Kupfermine von Bergfreiheit recht anschaulich. Die zwölf oder vierzehn Jahre alten Jungen verkrüppelten unter Tage in den engen, oft nur dreißig Zentimeter hohen Erzgängen. Ihre Beine entwickelten sich kaum, die Arme dafür mehr. Im Staatsarchiv Marburg fanden sich Lohnabrechnungen von diesen Kinderarbeitern. Soweit zu den Zwergen, als Vorlage für Schneewittchen soll Margarethas mysteriöser Tod mit 21 Jahren gedient haben. Sie war die Tochter oder Schwester des Grafen Samuel von Waldeck (1528–1570), der in Wildungen wohnte.
Weitere Belege unter www.schneewittchendorf.com

Märchenhaftes

Naturwaldbühne

Hier werden im Ortsteil Bergfreiheit zu Fronleichnam und am dritten Sonntag im August Märchenstücke der Brüder Grimm aufgeführt. In dem „Schatzkästlein im Kellerwald", wie der Ort genannt wird, hat das Märchen *Schneewittchen und die sieben Zwerge* seine Wurzeln.
Tel. +49 (0)700 07993743, Erw. 6 Euro, Kinder bis 12 J. 4 Euro, www.bergfreiheit.de

Schneewittchenhaus

Wie die Bergleute früher wohnten, ist im Untergeschoss des Fachwerkgebäudes nachgestellt. In den oberen Räumen wird an die Geschichte des Bergmannsortes erinnert sowie der Hintergrund des Märchens erläutert. Der Heimat- und Verkehrsverein hat das alte Bergmannshaus mit viel Aufwand restauriert. Jeden zweiten Sonntag im Monat sind Darsteller von *Schneewittchen und die sieben Zwerge* persönlich zu erleben.

Kellerwaldstr. 27, 34537 Bad Wildungen-Bergfreiheit, Tel. +49 (0)5626 1736, Öffnungszeiten: Ostern–Okt.: Mi–So 15–17 Uhr; sonst Sa, So 15–17 Uhr; Erw. 2 Euro, Kinder bis 11. J. 1 Euro, www.schneewittchendorf.com

Im Schneewittchenhaus ist alles über das Märchen zu erfahren. Der Kurschattenbrunnen (rechts) ziert die Promenade.

Sehenswertes

Evangelische Stadtkirche

In der Hallenkirche aus dem 14. Jahrhundert ist der farbenfrohe Flügelaltar von Conrad von Soest ein Blickfang. Wer etwas sucht, findet darauf die älteste Darstellung einer Brille nördlich der Alpen (von 1403).

Brunnenallee mit Kurschattenbrunnen
Zum Anbeißen: Den Kurschattenbrunnen mit dem Menschenknoten in der Mitte gibt es sogar aus Schokolade. Er bildet das Zentrum der Promenade zwischen Altstadt und Kurviertel.

Stadtmuseum
Von Eiszeitfunden über ein Hockergrab bis zur Kulturgeschichte der Stadt reicht die Bandbreite.
Lindenstr. 9, Tel. +49 (0)5621 73666, Öffnungszeiten: Di–So 14–17 Uhr; Erw. 1 Euro, Kinder frei

Kurpark
Er ist mit 52 Hektar der größte in Europa und märchenhaft im Grünen angelegt. Es gibt Strecken für Herz- und Kreislaufpatienten und Joggingwege an den Teichen entlang. Stauden- und Gehölzbereiche, eine hundert Meter lange Aussichtsbastion und der renaturierte Bornebach erfreuen den Gast.

Über Nacht

Mit Themenzimmern:
★★★★ Landhotel Kern
Fast jeder Geschmack wird hier getroffen.
Brunnenstr. 10
34596 Bad Zwesten
Tel. +49 (0)5626 9970
www.landhotel-kern.de
DZ 95–125 Euro

Märchenhaft entspannen:
★★★★ Göbel's Hotel Aquavita
Neben der Therme frohe Gastlichkeit erleben.
Hauptstr. 4
34537 Bad Wildungen-Reinhardshausen
Tel. +49 (0)5621 7860
www.goebel-hotels.com
DZ 111–145 Euro

Kultur und Erlebnis

Musik klassisch
Von Chorkonzerten der Wildunger Musikwerkstatt über Kirchen- bis zu Kammerkonzerten auf Schloss Friedrichstein reicht die Palette. Dort sowie im Kurhaus und in der Stadt sind Jazz-, Samba- und Folkfestivals zu erleben.

Skulpturenweg
Auf dem Schlossbergweg, der zum Friedrichstein führt, stehen neun Holzkunstwerke.

Für Genießer

Schepperlinge zum Anbeißen
Als Spezialität gelten Schepperlinge. Das sind Kartoffelpfannkuchen, die mit Speck, Zwiebeln und schwarzem Kaffee serviert werden. Ahle Worscht gehört ebenfalls zum Angebot. Die gereifte Wurst ist getrocknet oder geräuchert. Geschäfte und Restaurants bieten die Spezialitäten an.

Zum Zuschauen:
Kellerwald Hofkäserei
Hier wird der Käse frisch zubereitet – und gegessen.
Dülfershof 26
Tel. +49 (0)6455 292
Öffnungszeiten Jausenstube und Käserei:
Fr 14–18 Uhr;
Sa, So 10.30–18 Uhr
www.duelfershof.de

Quellen Therme
Der Genuss mit Warmbad, Panoramabecken mit Vulkanfelsen auf insgesamt 400 Quadratmeter Wasserfläche und Saunen ist groß.
Hauptstr. 2, 34537 Bad Wildungen-Reinhardshausen, Tel. +49 (0)5621 7529840, Öffnungszeiten: tgl. 7.30–22 Uhr, Sauna ab 15 Uhr; Mi Saunanacht bis 0 Uhr; 1,5 Std. Erw. 7,50 Euro, Kinder 6,75 Euro, www.quellen-therme.de

Weltnaturerbe Kellerwald-Edersee
Wälder überziehen Bergkuppen auf 57 Quadratkilometern südlich des Ederstausees, hier steht Europas größter zusammenhängender Buchenwald. Bäche, Felsen, Schluchten und Waldwiesen laden zum Wandern ein. Täglich werden Veranstaltungen im Weltnaturerbe angeboten. Rund zwanzig Kilometer nordwestlich von Bad Wildungen steht in Vöhl-Herzhausen das auffällige Rund des Nationalparkzentrums Kellerwald. Informationen in 4D, Exponate zum Drücken und Kurbeln, flotte Unterhaltungsfilme – hier ist alles auf die Besucher ausgerichtet.
Weg zur Wildnis 1,34516 Vöhl-Herzhausen, Tel. +49 (0)5635 992781, Öffnungszeiten: Apr.–Okt.: tgl. 9–18 Uhr; Nov.–März: Di–So 10–16.30 Uhr, www.nationalpark-kellerwald-edersee.de

Besucherbergwerk Bergfreiheit

Hier ist sehr gut die Erzgewinnung von 1561 bis zum Beginn des 19. Jahrhunderts nachzuerleben. Eine Edelsteinschleiferei hat noch Schürfrechte. Der Kellerwaldachat gehört zu den bekanntesten Steinen. Wer durch das Bergwerk streift, wird an die Ursprünge von Schneewittchen und die sieben Zwerge erinnert, denn dies war die Vorlage für den Sammler Ferdinand Siebert.

Schleiferei Lange, Tel. +49 (0)5626 343,
Kellerwaldstraße, 34537 Bad Wildungen-Bergfreiheit,
Historisches Bergamt, Tel. +49 (0)5626 592,
Öffnungszeiten: Ostern–Okt.: Mi–So 14–16 Uhr,
Führungen im Besucherbergwerk:
April–Okt.: Mi–So 14/14.45/15.30 Uhr; Erw. 3 Euro,
Kinder bis 14 J. 2 Euro, www.bergfreiheit.de

Jährliche Feste

Folk im Schloss
Ende Juli geben Bands sich ein Stelldichein.

Kram- und Viehmarkt
Mitte Juli lebt die Tradition der Viehhändler auf.

Rock im Schloss
Mitte August dröhnen harte Metaltöne aus dem Gemäuer.

Sambafestival
2013, dann alle zwei Jahre, wird in den Straßen getanzt.

Für Kinder

Freizeitanlage Heloponte

Das Erlebnisbad ist einen Ausflug zum Planschen Wert. Im Winter gibt es zudem eine Eisbahn.

Stresemannstr. 2, Tel. +49 (0)5621 1600,
Öffnungszeiten: tgl. 8–21.30 Uhr, Mo ab 14 Uhr;
1 Std. Hallenbad 2,50 Euro, Kinder bis 15 J. 1,50 Euro,
www.heloponte.de

Wildpark Edersee

Rot- und Muffelwild oder lieber Wölfe, Wisente und Luchse? Hier ist alles vertreten.

Greifvogelstation und Besucherinformationszentrum Fagutop, Talstr. 22, 34549 Edertal, Tel. +49 (0)5623 973030, Öffnungszeiten: tgl. 9–18 Uhr; im Winter: 11–16 Uhr, Flugvorführungen: März–Nov.: Di–So 11/15 Uhr; Erw. 5 Euro, Kinder bis 14 J. 3 Euro

Edersee

Rund um den hundert Jahre alten, 27 Kilometer langen künstlichen See mit der wuchtigen Staumauer am Ostende gibt es viele Attraktionen für Urlauber. Von Wassersport für Surfer, Segler, Wasserskifahrer und Taucher über Strand- und Freibäder bis zu Heuhotels, Seecamps und Ausflügen mit Nationalparkrangern reicht das Angebot. Der Urwaldsteig Edersee zählt zu den attraktivsten Wanderrouten Deutschlands, denn er führt über verschlungene Wege durch „Buchonia", wie die Römer die Gegend vor 2000 Jahren nannten.

Edersee Touristic, Hemfurther Str. 14, 34540 Edertal-Affoldern, Tel. +49 (0)5623 99980, www.edersee.com

Kultur und Spaß: das Barockschloss Friedrichstein und der Bikepark laden dazu ein.

Bikepark

Am Fuße des Hornbergs ist hinter den Tennisplätzen das ideale Gelände für die springenden Radfahrer und Artisten geschaffen worden.

Schlösser und Burgen

Barockschloss Friedrichstein

Das schmucke Barockgebäude liegt auf einem steilen Hügel im Norden der Stadt. Graf Friedrich Anton Ulrich von Waldeck plante und vollendete die Zweiflügelanlage 1714. Nach ihm wurde das Schloss benannt. Heute sind darin die hessische Militär- und Jagdgeschichte unter den Landgrafen von Hessen-Kassel zu sehen sowie die „Türkenbaute" mit einem Feldherrenzelt. Durch einen Gang geht es zum Lapidarium, wo Fossilien zu bewundern sind.

Schlossstraße, Tel. +49 (0)5621 6577, Öffnungszeiten: Di–So 10–17 Uhr; Erw. 3 Euro, Kinder frei, www.museum-kassel.de

Touristeninformation

Kur- und Besucherzentrum
Brunnenallee 1
Bürgerbüro im Rathaus
Am Markt
134537 Bad Wildungen
Tel. +49 (0)800 7910100
www.bad-wildungen.de

Kurzentrum, Hauptstr. 2
34537 Reinhardshausen
Tel. +49 (0)5621 963243

Waldeck
Wie früher beim Fürsten

Die imposante Burg Waldeck zeugt von einer fürstlichen Vergangenheit: Seit dem 14. Jahrhundert war Waldeck eine selbstständige Grafschaft im Heiligen Römischen Reich, seit 1815 als Fürstentum Waldeck-Pyrmont (es hatte dazu 1625 noch ein kleines Gebiet bei Bad Pyrmont in Niedersachsen erworben). Bis zum Ende der Monarchie 1918 regierte in Arolsen der Fürst. Seit 1655 war hier die Hauptstadt des kleinen Fürstentums Waldeck. Die Bewohner stimmten „Mein Waldeck" als Hymne an, in der „Hirsch und Reh im stillen Waldgrund lauschen". Das Wappen zeugte vom

Romantischer Abend – und den Edersee zu Füßen.

nicht ganz schwerelosen Dasein jener Zeit: „Die Palme wächst unter der Last“ (Palma sub pondere crescit). Wer heute durch die Fachwerkwelt der Kernstadt schlendert oder an der Uferpromenade entlang, entdeckt ein seltenes Idyll. Von hier schwebt die Bergbahn hinauf. Die Personenschiffe legen ab und die Passagiere genießen bei Kaffee und Kuchen den Blick auf See und Wälder.

Der Volksmund und seine Quelle

Die Bewohner der Waldecker Stadtteile Alraft und Dehringhausen lieferten dem Historiker Louis F. C. Curtze (1807–1870) den Hintergrund zu mindestens zwölf seiner vielen Märchen, die er 1860 als Volksüberlieferungen aus dem Fürstentum Waldeck veröffentlichte. Sie sind kostenlos unter www.books.google.com nachzulesen.

Märchenhaftes

Sagenhafter Märchenweg

Alles über den Wichtelkönig Erck ist bei einer Führung zu erfahren.

Am Mauergarten/unterhalb Schloss Waldeck,
Tel. +49 (0)5623 973782, www.waldeck.de

Schloss Waldeck: Wo steckt der Wichtelkönig?

Kultur und Erlebnis

Europahain

Am Nordufer des Edersees an der Halbinsel Scheid wachsen aus 25 EU-Ländern jeweils drei typische Baumarten.

K22 zwischen Nieder-Werbe und Scheid, Tel. +49 (0)5635 88880, www.hessen-forst.de

Über Nacht

Ganz in Weiß: Strandhaus No. 12
Dicht am Stausee ist das ein wunderbarer Ort zum Träumen und Genießen – mit Strandbad, Café und Hotel ein rundes Erlebnis.
Ederseerandstr. 8
Tel. +49 (0)5623 5676
www.strandhaus12.de
DZ ab 100 Euro

Dorfstube Nieder-Werbe

Wie die Menschen hier früher lebten, wird in diesem kleinen Haus anschaulich gezeigt. Auch die Entstehungsgeschichte des Edersees mit den versunkenen Orten gehört dazu.

Ober-Werber-Straße 3, 34513 Waldeck-Nieder-Werbe, Tel. +49 (0)5634 860, Führungen ab 5 Personen nach telefonischer Anmeldung

Für Kinder

Eder-Draisine

Auf Schienen fahren und treten wie beim Fahrrad – so geht es mit der Draisine zwischen Affoldern und Hemfurth hin und her.

Hemfurther Str. 14, 34549 Edertal-Hemfurth, Tel. +49 (0)5623 4470, Öffnungszeiten: Ostern–Okt.: 9–18 Uhr; Hin- u. Rückfahrt 12 Euro pro Pers., www.eder-draisine.de

Standseilbahn

Es geht hoch hinauf auf den Peterskopf – mit der Standseilbahn.

E.on Wasserkraft, Kraftwerkstr. 10, 34549 Edertal-Hemfurth, Tel. +49 (0)5623 948390, Öffnungszeiten: April–Okt.: Di–So 11–17.15 Uhr; Erw. 5 Euro, Kinder 3 Euro, www.edersee.com

Sommerrodelbahn Edersee

Rodelspaß vor märchenhafter Schlosskulisse, Trampolin und Diskgolf gehören auch dazu.

Unter dem Hagen 1, 34513 Waldeck-Nieder-Werbe, Tel. +49 (0)5634 6646, Öffnungszeiten: April–Okt.: 10–18 Uhr; Juli, Aug.: 10–19.30 Uhr; Erw. 2,30 Euro, Kinder bis 13 J. 1,60 Euro, www.sommerrodelbahn-edersee.de

Kletterpark Edersee

Wer zehn Jahre alt ist und mindestens 1,40 Meter groß, kann auf die Parcours im Wald gehen, die verschiedene Schwierigkeitsgrade aufweisen.

Am Eschelsberg 1, 34549 Edertal-Hemfurth, Tel. +49 (0)1577 3828000, Öffnungszeiten: März–Okt.: 10.30–19 Uhr; 3 Std. Erw. 19 Euro, erm. 15 Euro, www.kletterpark-edersee.de

Für Klettermaxe wird es spannend.

Baumkronenweg

Die Blicke in die oberen Stockwerke des Waldes, über den Edersee und auf Schloss Waldeck sind einmalig.

Treetopwalk, Brühlfeld 3, 34549 Edertal-Hemfurth, Tel. +49 (0)6032 8699888, Öffnungszeiten: April–Okt.: 10–18 Uhr; Nov.–März: Sa, So 12–16 Uhr; Erw. 7,90 Euro; Kinder 4,90 Euro, www.treetopwalk.de

Für alle Sinne etwas – der Baumkronenweg.

Für Genießer

Traumhafte Lage: Gourmetrestaurant Alte Turmuhr
Der Küchenchef hat ständig neue Menüs auf der Karte. Das Restaurant gehört zum Hotel Schloss Waldeck, die Zimmer sind stilvoll, Wellnesspauschalen im Angebot.
Hotel Schloss Waldeck
Schloss Waldeck 1
Tel. +49 (0)5623 5890
www.schloss-hotel-waldeck.de
Menü 38–58 Euro

Schlösser und Burgen

Schloss Waldeck

Hinter dicken Mauern empfiehlt sich ein Stopp auf der Aussichtsterrasse. Der Blick auf die Wälder und den 27 Kilometer langen Edersee ist fantastisch! Im Museum zeigt die Ausstellung „Hinter Schloss und Riegel", wie es im Mittelalter und in einem Zucht- und Arbeitshaus zuging. Schon seit 1906 befindet sich ein Hotel im Schloss. Es wurde 2009 restauriert (siehe Für Genießer).

Schloss Waldeck 1, Tel. +49 (0)5623 973782, Öffnungszeiten: April–Sep.: Di–So 10–18 Uhr; Okt.–März: Di–So 12–16 Uhr; Sa, So ab 10 Uhr; Erw. 4 Euro, Kinder 2 Euro

Touristeninformation

Am Rathaus 1
34513 Waldeck-Sachsenhausen
Tel. +49 (0)5623 973782
www.waldeck.nordhessen.de

Schloss Waldeck: Innen und außen ein Kleinod.

Wolfhagen und die Geißlein

Die älteste Stadt im Landkreis Kassel – entstanden um 1226 – und ihre Umgebung lassen sich am besten auf dem Eco Pfad erkunden. Auf dem acht Kilometer langen Spaziergang kommt man am Wasserschloss Elmarshausen vorbei, an der Schützenberger Mühle, an Spuren eines mittelalterlichen Dorfes und am früheren Tauchbad der jüdischen Gemeinde. Wolfhagen ist zudem der westlichste Punkt des 380 Kilometer langen Märchenlandwegs, der durch 32 Städte und Gemeinden Nordhessens sowie durch Kassel führt.

Märchenhaftes

Märchenbrunnen

Der Märchenbrunnen auf dem Marktplatz symbolisiert das Stadtmärchen *Der Wolf und die sieben Geißlein*.

Der Wolf lehnt am Märchenbrunnen des Marktplatzes.

Der Wolf und die sieben Geißlein

Es war einmal eine Geiß mit sieben jungen Geißlein, die sie lieb hatte, wie eine Mutter ihre Kinder hat. Eines Tages wollte sie in den Wald gehen und Futter holen. Sie bat die sieben Geißlein, niemanden hereinzulassen. Als der Wolf vorbeikam und um Einlass bat, erkannten ihn die Geißlein an der rauhen Stimme. Der Wolf kaufte sich ein Stück Kreide, fraß es und seine Stimme klang zarter. Da erkannten ihn die Geißlein an seiner schwarzen Pfote. Der Wolf ließ sich beim Bäcker Teig draufschmieren, Mehl draufstreuen und versuchte es erneut. „Macht mir auf, ihr Kinder, euer liebes Mütterchen ist heimgekommen und hat jedem von euch etwas aus dem Walde mitgebracht", rief der Wolf. Sie ließen ihn herein. Bis auf ein Geißlein, das sich im Uhrkasten der Standuhr versteckte, fraß der Wolf alle und legte sich im Wald schlafen. Als die Mutter kam, erzählte das junge Geißlein, was passiert war. Beide rannten los, fanden den Wolf und die Mutter schnitt den Bauch des Tieres auf. So konnte sie alle Geißlein befreien und nähte den Bauch des Wolfs wieder zu, nachdem sie Steine hineingepackt hatte. Als der Wolf aufwachte und zum Trinken an einen Brunnen ging, zog ihn das Gewicht der Steine hinab und er ertrank.

Grimms Märchenkeller

Märchen- und Autorenlesungen, Kindertheater, Trauungen – im Gewölbekeller des Rathauses wird viel gezaubert. Ludwig Emil Grimm war als Leutnant beim Advokaten Kleinhans (Große Teichstr. 6) einquartiert. Er fand hier um 1814 viele Motive, die in die Märchenbücher seiner Brüder eingingen.

Burgstr. 33–35,
Tel. +49 (0)5692, 997906
(Hotel Altes Rathaus),
www.wolfhagen.de

Sehenswertes

Ein Bummel durch die Stadt führt am historischen Rathaus vorbei – ein mächtiger dreigeschossiger Fachwerkbau – und geht weiter zur dreischiffigen gotischen Hallenkirche, der Hospitalkapelle sowie zurück zur Alten Wache (Café). Teile der Stadtmauer mit Wachturm sind erhalten. Die Alte Brauerei hat seit 1491 Braurecht. Schmackhaft ist das Ur-Wolfhager – das Bierrezept stammt von 1799.

Für Genießer

Zünftig:
Restaurant Altes Rathaus
Hier geht es rustikal zu, serviert werden Schweinshaxe und Schnitzel.
Kirchplatz 1
Tel. +49 (0)5692 997906
www.hotel-altes-rathaus-wolfhagen.de
Hauptgericht ab 10 Euro

Wo der Wind weht: Blick von der Weidelsburg.

Schlösser und Burgen

Burgruine Weidelsburg

Sie ist die größte in Nordhessen und liegt auf dem 492 Meter hohen Weidelsberg im Stadtteil Ippinghausen. Ludwig Emil Grimm hat sie einst gezeichnet.

Dicke Mauern im Naturpark Habichtswald: Burgruine Weidelsburg.

Jährliche Feste

Großes Osterfeuer
Es lodert in Istha und zieht viele Familien an.

Hugenottenfest
In Leckringhausen wird es mit Andacht und Treff im Hugenottenstübchen am 17. Juni gefeiert.

Viehmarkt
Hier geht es im Juli zu wie in alter Zeit.

Über Nacht

An der Mauer: Chattenturm
Das Traditionshaus befindet sich seit 1914 im Besitz der Familie, die bodenständig kocht und aus regionalen Produkten Spezialitäten zaubert. Die Zimmer sind einfach und gut, Kinder bis fünf Jahre frei.
Schützeberger Str. 67
Tel. +49 (0)5692 2387
www.hotel-zum-chattenturm.de
DZ 54–72 Euro

Touristeninformation

Burgstr. 33–35, 34466 Wolfhagen
Tel. +49 (0)5692 602102
www.wolfhagen.de und
www.maerchenlandweg.de

Schauenburg
Die Märchenwacher

Oben auf Burg Schauenburg sitzen und ins weite Land schauen – das gefällt dem Besucher. Er lässt sich spontan von einer Kamera knipsen, findet das Bild auf der Internetseite oder verschickt es als E-Card. So modern ist der Traditionsort, dessen Burg schon 1089 erwähnt wurde. Saubere Luft, sanfte Höhen und der Naturpark Habichtswald locken vor allem Wanderfreunde in die Gemeinde.

Der literarische Künstler

Albert Schindehütte hat eine Fülle von Kinderbildern gezeichnet. Da der 1939 in Breitenbach geborene Grafiker, Zeichner, Maler und Illustrator in Hamburg an der Elbe lebt, hat er seine mit leichter Hand und wenigen Linien gezeichneten Kinderporträts als Bilderbuch unter dem Titel Die Oevelgönn'schen Kinder herausgegeben. Övelgönne ist ein Teil des Hamburger Stadtteils Othmarschen. Die Kritiker sind begeistert: Schindehütte sei vernarrt in Kinder und zolle ihnen jede Achtung. Seine Porträts seien pfiffig, niedlich und nachdenklich.

Verwunschen im Wald liegt die alte Burg

Märchenhaftes

Schauenburger Märchenwache

Das frühere Feuerwehrhaus ist heute ein märchenhafter Ort: Zeichnungen aus den Grimm'schen Märchen zieren die Wände. Holzschnitte sind zu sehen. Es wird an die Märchenzuträger der Brüder Grimm erinnert: Marie Hassenpflug aus Hoof und Johann Friedrich Krause aus Breitenbach (siehe Exkurs „Die Märchenzuträger"). Beide Orte gehören zu Schauenburg. Der Künstler Albert Schindehütte (siehe Textbox), der die Initiative zu dem Haus hatte, stellt in der Märchenwache zudem einen Teil seiner Kunstwerke aus. Es gibt auch Lesungen.

Lange Str. 2, 34270 Schauenburg-Breitenbach, Tel. +49 (0)5601 925678 und 925619, Öffnungszeiten: So 15–18 Uhr; Spenden erwünscht, www.maerchenwache.de

Die Märchenwache zieht die Gäste magisch an.

Schlösser und Burgen

Burgruine Schauenburg

Einst herrschten hier die Grafen über den Habichtswald und das Baunatal. Erbaut wurde die Burg zwischen 600 und 800 und diente als Wohn-und Fliehstätte. 1223 verließen die Grafen die Burg und kauften sich eine andere – in Wallenstein im Knüll. Die Freiherrn von Dalwigk zogen ein. Ab dem 16. Jahrhunderts verfiel die Burg zusehends und diente fortan als Steinbruch. Heute bietet die ideale Lage im Naturpark Habichtswald Wanderern einen idealen Ausblick und Ausgangspunkt für Touren, auch wenn die Gebäudereste selbst schwer zugänglich sind.

Touristeninformation i

Korbacher Str. 300
34270 Schauenburg
Tel. +49 (0)5601 9325114
www.gemeinde-schauenburg.de

Die Märchenzuträger

Die Brüder Jacob und Wilhelm Grimm gaben die Kinder- und Hausmärchen heraus, schrieben sie jedoch nicht selbst, sondern sammelten und bearbeiteten sie. Sie veröffentlichten mehr als 200 Märchen. Die berühmtesten Zuträger der Sagen und Erzählungen waren Dorothea Viehmann aus Baunatal sowie Johann Friedrich Krause und Marie Hassenpflug aus der Gemeinde Schauenburg. Sie „schauten dem Volk aufs Maul", das aus den zum Teil französisch geprägten Familien spannende Geschichten zu erzählen hatte.

Die Viehmännin

Die Gastwirtstochter aus der Knallhütte (siehe Baunatal) war eine der wichtigsten Lieferantinnen für Grimm'sche Märchen. Dorothea Viehmanns Erzählungen stammten oft aus Hugenottenfamilien, zu denen die Vorfahren väterlicherseits gehörten. So kamen viele Varianten französischer Märchen in die Sammlung, vor allem in den zweiten Band der Kinder- und Hausmärchen. Zu „ihren" Märchen gehören *Der Teufel mit den drei goldenen Haaren, Der treue Johannes, Die kluge Else* oder *Die drei Federn*. „Sie bewahrte die alten Sagen fest im Gedächtnis", erinnerten sich die Brüder Grimm und waren beeindruckt, dass sie die Märchen beliebig oft in unveränderter Wortwahl wiederholen konnte. Viehmann war zu der Zeit 58 Jahre alt. Sie starb mit sechzig Jahren in Niederzwehren.

Tausche Märchen gegen Hosen

Der Sohn eines Lehrers aus Breitenbach war der profilierteste Zuträger von Märchen für die Brüder Grimm. Der frühere Quartiermeister hatte sein Ohr dicht an Volkes Mund. So spürte der 1747 in Breitenbach geborene Johann Friedrich Krause viele Märchen auf. Seine eigens notierten Gespräche aus den Spinnstuben der Gemeinde Hof im Jahr 1811 überließ er den Märchensammlern. Der ältere Herr war zu der Zeit schon 64 Jahre alt, Wil-

helm Grimm dagegen gerade 26 Jahre. Krause hatte kaum Geld. Deshalb ließ er sich von Wilhelm Grimm, der dieselbe Kleidergröße trug wie er, dessen gebrauchte Hosen schenken.
Zu den Märchen, die er den Brüdern Grimm überließ und die sie veröffentlichten, gehören: *Der gelernte Jäger, Der König vom goldenen Berg, Der alte Sultan, Die drei Schlangenblätter.*

Marie Hassenpflugs Repertoire
Marie von Dalwigk-Hassenpflug und ihre Familie steuerten rund ein Viertel der Sammlung Grimm'scher Märchen bei. Den Brüdern Grimm erschienen die vielen Geschichten deshalb so ansprechend, weil sich hessische und französische Überlieferungen mischten. Marie Hassenpflug, 1788 in Altenhaßlau bei Gelnhausen geboren, hatte einen Vater aus einer althessischen Beamtenfamilie, ihre Mutter kam aus Frankreich. Von ihr erbte sie das muntere, fröhliche Erzähltalent. Der Vorrat an Märchen, die man sich in der Familie erzählte, schien unerschöpflich. Von 1808 an schickte Hassenpflug zwanzig Jahre lang immer wieder Märchen an die Grimms, die sie als Vorlagen benutzten oder ganz übernahmen. Zu den bekanntesten gehören: *Rotkäppchen, Dornröschen, Brüderchen und Schwesterchen, Der Gevatter Tod, Der Schmied und der Teufel, Der Räuberbräutigam* und *Die Prinzessin mit der Laus* sowie *Der Froschprinz.*

Dorothea Viehmann – die erste Quelle für Märchen. Sie werden heute noch in der Knallhütte erzählt *(siehe S. 118).*

Baunatal
Die Moderne

Ein etwa zwei Meter hoher Menhir aus Quarzit erinnert an die frühzeitliche Besiedlung des fruchtbaren Baunatals. Der Hünstein in Großenritte ist das älteste Kulturdenkmal der modernen 28.000-Einwohner-Stadt vor den südlichen Toren Kassels. Seit 1957 steht hier ein Zweigwerk des Volkswagenkonzerns auf dem ehemaligen Gelände der Henschel-Flugmotorenwerke in Altenbauna. Doch es gibt auch viel Grün: Der fünfzig Hektar große Stadtpark in Altenbauna zieht Freizeitsportler aller Art an – von Rollschuhbahn über Minigolf bis zum Erlebnisbad Aqua-Park reicht das Angebot.

Märchenhaftes

Die Knallhütte

Die Knallhütte war der Umschlagplatz für Märchen. Es handelt sich um ein historisches Brauhaus in Rengershausen, das stets viel Publikum anzog. 1755 wurde hier die Grimm'sche Märchenerzählerin Dorothea Viehmann geboren (siehe Exkurs „Die Märchenzuträger"). Damals hieß die Kneipe ihres Vaters noch „Zum Birkenbaum". Doch die Fuhrleute brauchten, um den Berg zu überwinden, zusätzlich Pferde, die sie von draußen durch Peitschenknallen anforderten. So kam der Name „Knallhütte" zustande. Wer im Lokal speist und trinkt, entdeckt Märchenscherenschnitte sowie Erinnerungen an Dorothea Viehmann. Sie wird im Juli immer wieder sonnabends um 17.30 Uhr lebendig (sonst jeden ersten und dritten Sonnabend) – eine verkleidete Erzählerin hält Märchenstunde. Das Brauhaus präsentiert saisonale und regionale deutsche Küche sowie eine umfangreiche Kinderkarte von Reibekuchen bis Zwergenschnitzel.

Hünstein in Großenritte

Brauhaus Knallhütte, Tel. +49 (0)561 492076
www.brauhaus-knallhuette.de, Hauptgericht 9–19 Euro

Sehenswertes

Eisenbahnviadukt

Bei Guntershausen überbrückt es die Fulda. Als eines der ersten in Deutschland wurde das Viadukt um 1850 gebaut. Die heutige Form entstand 1950. Der Bahnhof stammt von 1855.

Heimatmuseum Altenritte

Wie die Menschen hier von 1850 bis 1900 wohnten und arbeiteten, wird in der Etage über der alten Schmiede einfühlsam wiedergegeben.
Ritterstr. 1, Tel. +49 (0)561 49920, Öffnungszeiten: So 14–16.30 Uhr; Eintritt frei

Stadtmuseum

Das Museum informiert über die Industrialisierung des Baunatals.
Mühlenweg 4, 34225 Baunatal-Altenritte, Tel. +49 (0)561 49920, Öffnungszeiten: So 14–16.30 Uhr; Eintritt frei

Für Kinder

Aqua-Park

Schwimm- und Freizeitwelt für Groß und Klein
Altenritter Str. 41,
Tel. +49 (0)561 499930,
Öffnungszeiten: Di–Fr 8–20 Uhr; Sa, So 8–19 Uhr; Mo 12–20 Uhr; 3 Std. Erw. 4,20 Euro, Kinder bis 17 J. 3 Euro, www.aquapark-baunatal.de

Über Nacht

Im Fachwerk: Haus Siegerland
Das Traditionshaus im Grünen liegt verkehrsgünstig.
Aueweg 4
Tel. +49 (0)561 496900
www.haussiegerland.de
DZ 69–79 Euro

Jährliche Feste

Baunataler Sommer
Im August laufen Kabarett, Comedy und Konzerte vom Feinsten.
Programm unter www.baunatal.de

Dorothea-Viehmann-Wandertag
Erst wandern, Radfahren oder auf Inlinern rollen, dann beim Brauereifest zünftig feiern – es ist ein Riesenspektakel mit Tausenden Teilnehmern an Fronleichnam (Mai/Juni).

Touristeninformation

Marktplatz 14, 34225 Baunatal
Tel. +49 (0)561 49920
www.baunatal.de

Kassel
Unter dem Herkules

Im Westteil eines von der Fulda durchflossenen Beckens erhebt sich die Stadt der Kunstausstellung documenta. Kultur und Veranstaltungen, Kunst und Grün – das sind hier die Höhepunkte. Die Brüder Grimm verbrachten in Kassel die „arbeitsamste und vielleicht auch fruchtbarste Zeit ihres Lebens", wie sie schrieben. Wer heute durch die Innenstadt geht, sieht das Bild einer modernen Stadt. Die frühere Pracht und Fachwerklandschaft wurden bei Luftangriffen im Oktober 1943 zerstört. Heute zählt Kassel etwas weniger als 200.000 Einwohner. Offen für Zugereiste – der Ausländeranteil liegt mit 12,5 Prozent höher als der Bundesdurchschnitt – war die Stadt schon immer. Der Stadtteil Oberneustadt entstand, als sich hier auf Initiative des Landgrafen Karl nach 1700 französische Glaubensflüchtlinge in großer Zahl niederließen.

Einst das erste öffentliche Museum Europas: das Fridericianum – heute Kern der documenta.

Der eintausendeinhundertste Geburtstag wird 2013 gefeiert: Cassel – wie es bis 1926 geschrieben wurde – fand 913 erstmals als fränkischer Königshof urkundlich Erwähnung. Hier kreuzten sich Handelsstraßen vom Rhein nach Thüringen und vom Main zur Weser. Es residierte der Landgraf von Hessen-Kassel, als er 1803 zum Kurfürsten ernannt wurde. 1806 war Kassel unter französischer Herrschaft sogar Hauptstadt des neuen Königreichs Westfalen, das Napoleons Bruder Jérôme Bonaparte zunächst erfolgreich gegen den Aufstand unter Freiherr Wilhelm von Dörnberg (siehe Oberaula und Homberg) verteidigte. Doch 1813 war der Spuk Napoleons zu Ende. 1866 annektierte schließlich Preußen Kurhessen, das wie das Königreich Hannover auf Seiten Österreichs in die Schlacht von Königgrätz gezogen war und verloren hatte.

Die Unzertrennlichen

„Lieber Wilhelm, wir wollen uns einmal nie trennen, und gesetzt man wollte einen anderswohin tun, so müsste der andre gleich aufsagen. Wir sind diese Gemeinschaft so gewohnt, dass mich schon das Vereinzeln zum Tode betrüben könnte ..."
Jacob Grimm schrieb diese Zeilen 1805 an seinen Bruder. Rund dreißig Jahre verbrachten die beiden in Kassel. 1840 wechselten sie an die Berliner Akademie der Wissenschaften. Ihr größtes Werk wurde neben der Deutschen Grammatik das Deutsche Wörterbuch – bis Band drei. Weiter kamen sie nicht, da die mühsame Gelehrtenaufgabe, alle deutschen Wörter und Bedeutungen zu erfassen, einfach zu groß war. Am 16. Dezember 1859 starb Wilhelm, Jacob am 20. September 1863. Ihre gemeinsame Grabstätte ist auf dem Friedhof der Berliner Matthäusgemeinde unter Bäumen zu finden.

Märchenhaftes

Das Brüder Grimm-Museum

Zum 200. Jubiläum der Kinder- und Hausmärchen eröffnete das Museum 2012 neu im sanierten Palais Bellevue. In zehn Räumen sind das Leben, das Werk und die Wirkung der Brüder Jacob und Wilhelm

Grimm zu erleben. Es ist die bedeutendste und umfassendste Sammlung über die Grimms mit rund 100.000 Objekten. Auch das Schaffen ihres jüngeren Malerbruders Ludwig Emil Grimm wird ausführlich gewürdigt. 2014 zieht das Museum in einen Neubau auf dem Weinberg.
Schöne Aussicht 2, 34117 Kassel, Tel. +49 (0)561 7872033, Öffnungszeiten: Di–So 10–17 Uhr; Mi 10–20 Uhr; Erw. 3 Euro, bis 18 J. frei, www.grimms.de

Märchenköche überall

Aschenputtels Linsensalat, Dornröschens Hochzeitsmenü oder Frau Holles gefülltes Blätterteigkissen laden zum märchenhaften Schlemmen quer durch Nordhessen ein. Die Rezepte kommen aus der Märchenküche und sogar von Lotte Grimm selbst. Gekocht, geschlemmt und getafelt wird in fast jedem Märchen. Wie diese zu fabelhaften Menüs inspirieren können, das lernen Köche im Grone-Bildungszentrum in Kassel – und bekommen dafür eine „Märchenkrone".
Alle Restaurants und Hotels in Nordhessen mit zertifizierten „Märchenköchen" unter www.nordhessen.de/de/maerchenkoeche

Brüder-Grimm-Platz

Am Brüder-Grimm-Platz steht ein Denkmal der Brüder. Gegenüber befindet sich das Landesmuseum. Von hier zieht sich die sechs Kilometer lange Wilhelmshöher Allee zum Schloss hinauf.

Links: Brüder Grimm-Museum-Ansicht von vorn
Rechts: Brüder Grimm-Statue

Jährliche Feste

Tigerentenrennen
Die bunte Benefizveranstaltung läuft über Himmelfahrt und bietet ein Programm für die ganze Familie. Für drei Euro kann man eine Tigerente adoptieren.
www.tigerentenrennen-kassel.de

Zissel
Zum Heimat- und Wasserfest am ersten Wochenende im August kommen rund 100.000 Besucher.

63-Prozent-Wanderung
Auf sechs Wanderrouten zeigen kundige Führer im September, dass Kassel zu 63 Prozent aus Grün- und Wasserflächen besteht.

Märchenweihnachtsmarkt
Jedes Jahr von Ende November bis 23. Dezember steht auf dem Königsplatz ein anderes Märchen Pate. Ein Märchen- und Zauberwald lädt zum Träumen ein.

Stadtführung
„Auf den Spuren der Grimms" bewegt sich eine Führung der Kassel Marketing GmbH. Zwei Broschüren mit Stadtplänen sind dazu aufgelegt.

Märchenlandweg / Theaterreihe am Weg
Entlang des 380 Kilometer langen Wanderwegs durch Kassel und Nordhessen werden in Burgruinen, auf Bergwiesen oder Stadtplätzen von Mai bis Oktober Märchen vorgeführt, für Kinder ab drei Jahren.
Kindertheaterbüro, Kirchweg 66, 34119 Kassel,
Tel. +49 (0)561 71689, www.kindertheaterbuerooo.de

Sehenswertes

Erste Fußgängerzone
Schon 1953 wurden die Obere Königsstraße, die Wilhelmstraße und Treppenstraße zu Fußgängerzonen erklärt – es waren die ersten in Deutschland. Wer

heute hier entlangschlendert, kommt nicht nur an schicken Läden vorbei. Das Rathaus, die Karlskirche, das Fridericianum (Museum und Zentrum der documenta) und das Ottoneum (1604 erstes Theater Deutschlands, heute Naturkundemuseum) liegen auf dem Weg.

Für Genießer

Beste Aussicht:
Herkules Terrassen
Direkt neben dem „Herkules" trifft gehobene deutsche Küche auf Currywurst und Sülze.
Schlosspark 26 (für das Navigationsgerät: Ehlener Straße)
Tel. +49 (0)561 93731910
www.herkules-terrassen.de
Hauptgericht 13–22 Euro

Alles im Fluss:
Restaurant Bootshaus
An der Fulda lässt es sich zu jeder Jahreszeit herrlich sitzen und deutsch-italienische Küche genießen.
Auedamm 27
Tel. +49 (0)561 7394486
www.bootshaus-kassel.de
Hauptgericht 9–14 Euro

Fürstlich: Restaurant Gutshof
Früher wurde von hier aus das Schloss versorgt, heute kann jedermann hessische und internationale Speisen genießen.
Wilhelmshöher Allee 347a
Haltestelle Hessischer Rundfunk
Tel. +49 (0)561 32525
www.restaurant-gutshof.de
Hauptgericht 12–24 Euro

Staatspark Karlsaue

300 Jahre lang war die Karlsaue Sommersitz der Landgrafen, später der Kurfürsten von Hessen-Kassel. Mit 125 Hektar ist von 1700 bis 1770 die größte barocke Parkanlage Deutschlands entstanden. Das natürliche Grundwasser wird in große Bassins und ornamental-rahmende Kanäle gepresst. Die Blumeninsel Siebenbergen fasziniert im Sommer mit ihrer Blütenpracht. In der Orangerie ist heute das Astronomisch-Physikalische Kabinett mit Planetarium untergebracht (siehe Für Kinder). Spaziergänger sind auf der „Landkarte des Universums" unterwegs, dem Planetenwanderweg.

Park, Auedamm: frei zugänglich; Blumeninsel:
Öffnungszeiten: April–Okt.: Di–So 10–19 Uhr;
Erw. 3 Euro, Kinder 2 Euro;
Kabinett: An der Karlsaue 20c,
Tel. +49 (0)561 31680500, Öffnungszeiten:
Di–So 10–17 Uhr; Do 10–20 Uhr; Erw. 3 Euro, Kinder frei

Von Kasseler bis Weckewerk

Das Kasseler ist keine einheimische Spezialität. Das gepökelte und geräucherte Fleisch erhielt angeblich vom Berliner Metzger Cassel seinen Namen. In der Region Kassel ist die Grüne Soße als Essensbeilage beliebt. Eine aus Fleischresten geformte Wurst, die mit altbackenen Brötchen gestreckt wird, nennt sich Weckewerk und wird kalt oder in der Pfanne gebraten verzehrt. Dazu gibt es Pellkartoffeln, Gurken und Rote Bete.

Kultur und Erlebnis

Staatstheater

Oper, Operette, Schauspiel und Ballett sind sehenswert.
Friedrichplatz 15, Tel. +49 (0)561 10940,
www.staatstheater-kassel.de

Literaturspaziergang

Zu vielen Terminen von April bis Oktober werden Gäste zu den Orten berühmter Schriftsteller geführt, die sich in Kassel aufgehalten haben.
www.kassel-litspaz.de

Orangerie in der Karlsaue

Kurhessen Therme

Die Bade-, Wellness- und Saunawelt ist an Größe kaum zu überbieten.

Wilhelmshöher Allee 361, Tel. +49 (0)561 318080, Öffnungszeiten: tgl. 9–23 Uhr; Mi, Fr, Sa bis 24 Uhr; Erw. 1,5 Std. 13 Euro, Kinder bis 5 J. frei, bis 12 J. 10 Euro, www.kurhessen-therme.de

Was aus Lotte und Emil wurde

Von den sechs Geschwistern Grimm blieben Jacob, Ferdinand und Carl Grimm unverheiratet und ohne Nachfahren. Lotte Grimm heiratete 1822 den Assessor und späteren hessischen Staatsminister Ludwig Hassenpflug und hatte mit ihm sechs Kinder, von denen vier (Carl, Friedrich, Ludwig und Dorothee Hassenpflug) das Kinder-alter überlebten. Der Malerbruder Ludwig Emil war zwei Mal verheiratet, seit 1832 mit Marie Böttner, der Tochter des Kasseler Malers Wilhelm Böttner. Nach deren Tod ging er 1845 mit Friederike Ernst eine Ehe ein, der Tochter des Kasseler Superintendenten Christoph Friedrich Ernst.

Kunstwerke der documenta schmücken die Orangerie.

Kunsthalle Fridericianum

Landgraf Friedrich II. hatte diese Kunsthalle als Museums- und Bibliotheksbau errichten lassen.
Es war damals das erste öffentliche Museum Europas. Seit 1955 ist das Fridericianum zentraler Veranstaltungsort der documenta. Die weltweit bedeutende Ausstellung für zeitgenössische Kunst dauert hundert Tage und wird nach 2012 (9. Juni–16. September) wieder 2017 ausgerichtet.

Friedrichsplatz 18, Tel. +49 (0)561 7072720, Öffnungszeiten: Mi–So 11–18 Uhr; Erw. 5 Euro, Kinder 3 Euro, Kinder bis 12 J. frei, www.fridericianum-kassel.de und http://d13.documenta.de

Für Kinder

Naturkundemuseum im Ottoneum

Hier sind Funde der Grube Messel bei Darmstadt zu sehen sowie faszinierende Nachbildungen von Dinosau-

riern und Mammuts. Nachmittags laufen oft Aktionen für Kinder.
Steinweg 2, Öffnungszeiten: Di–So 10–17 Uhr; Mi 10–20 Uhr; Erw. 4 Euro, Kinder 6–16 J. 2 Euro, www.naturkundemuseum-kassel.de

Caricatura – Galerie für Komische Kunst

Die Galerie zeigt in wechselnden Ausstellungen künstlerische Arbeiten, die einen zum Lachen bringen.
Rainer-Dierichs-Platz 1, Öffnungszeiten: Do–So 14–20 Uhr; Sa, So 12–20 Uhr; Erw. 4 Euro, Kinder 3 Euro, www.caricatura.de/Kassel

Planetarium

Im dritten Obergeschoss der Orangerie bietet das Planetarium eine 360-Grad-Reise in ferne Welten: Von Galileo Galilei bis zu den aktuellen Beobachtungssatelliten wird ein Einblick in moderne Kosmologie und Astronomie vermittelt.
An der Karlsaue 20, Tel. +49 (0)561, 31680500, www.astronomie-kassel.de. Die Sternwarte ist derzeit wegen Umbauarbeiten geschlossen.

Über Nacht

Design pur: Pentahotels
Wohlfühlen von Beginn an: Schon der Eingangsbereich des Hotels ist herrlich „anders". Die Zimmer sind es auch. Im Bad wartet eine Regendusche auf den Gast. Trotz der Nähe zum ICE-Bahnhof Wilhelmshöhe ist es im Hotel sehr ruhig.
Bertha-von-Suttner-Str. 15
Tel. +49 (0)561 93390
www.pentahotels.com/kassel
DZ ab 89 Euro

Hotel Gude
Bekannte Politiker und Sportler sowie auch Loriot waren in diesem seit 1937 familiär geführten Hotel zu Gast. Moderne Zimmer, Schwimmbad, Sauna und Fitnessräume wirken einladend.
Frankfurter Str. 299
Tel. +49 (0)561 48050
www.hotel-gude.de
DZ 109 Euro

Schlösser und Burgen

Herkules – das Wahrzeichen Kassels

Der krönende Abschluss der eineinhalb Kilometer langen Kaskadenanlage bildet ein achteckiger Unterbau (Oktogon) mit einer dreißig Meter hohen Pyramide, auf der die mehr als acht Meter hohe Statue des Herkules steht. Giovanni Francesco Guerniero hatte sie 1701 bis 1717 geschaffen. Die Besucherplattform gehört zum Kasselbesuch dazu – es öffnet sich ein Blick auf die barocke Parkanlage und die Stadt.
Park Wilhelmshöhe, Öffnungszeiten:
März–Nov.: Di–So 10–17 Uhr

Schloss Wilhelmshöhe mit Bergpark

Zusammen mit dem Bergpark und seinen Wasserkünsten bildet das 1786 erbaute Schloss am Rande des Habichtswaldes ein Ensemble. Im Schloss ist heute ein Kunstmuseum untergebracht. 450 Werke zeigen Alte Meister, berühmt ist die grafische Sammlung, während sich die Antikensammlung Römern und Griechen widmet. Korkmodelle erinnern an die Begeisterung des Landgrafen Friedrich II. für die Antike.

Schloss Wilhelmshöhe

Der Bergpark ist Europas größter Park seiner Art. Hier sind zwei Epochen europäischer Gartenkunst harmonisch vereint: die barocke Anlage mit dem die Kaskaden überragenden Oktogon sowie eine weiträumige Parkanlage im Stil der englischen Landschaftsgärten. *Schlosspark 1, Tel. +49 (0)561 316800, Öffnungszeiten: Di–So 10–17 Uhr; Do 10–20 Uhr, www.museum-kassel.de*

Schloss und Park Wilhelmsthal

Etwa zehn Kilometer nördlich von Wilhelmshöhe, in Calden, mutet es französisch an: Park und Schloss Wilhelmsthal ließ Landgraf Wilhelm VIII., Gründer der Kasseler Gemäldegalerie, ab 1743 als Sommerresidenz, Lust- und Jagdschloss errichten. Es gehört zu den wichtigsten erhaltenen Schöpfungen des Rokoko. *Calden, Öffnungszeiten: März–Okt.: Di–So 10–17 Uhr; Nov.–Feb.: 10–16 Uhr, www.calden.de*

Französisches Flair: Kaskaden, Herkules und Schloss Wilhelmsthal (rechts).

Touristeninformation

Besucherzentrum im Rathaus
Obere Königsstr. 15
34117 Kassel
Tel. +49 (0)561 707707
www.kassel-marketing.de und
www.kassel-ist-klasse.de

Die Frau-Holle-Route Zwischen Nieste und Fürstenberg

Die Märchenstraße teilt sich hier. Wer von Kassel aus nach Nieste fährt, begibt sich auf den östlichen Bogen. Frau Holle wartet in Hessisch Lichtenau und schüttelt ihre Betten aus. Lassen Sie sich überraschen. Tauchen Sie ein ins „Frau-Holle-Land", das gerade hier ausgiebig gelebt wird. In Bad Sooden-Allendorf wird, beginnend von Ostersonntag, sogar eine Märchenwoche gefeiert. Da schüttelt Frau Holle täglich um 15 Uhr vom Söder Tor ihre Betten aus.

In einer weiten Schleife führt die Route weiter durch Thüringen. Im Eichsfeld war 2011 nicht nur der Papst zu Gast, schon früher kamen die Dichter Johann Wolfgang von Goethe und Heinrich Heine vorbei. Auch die Brüder Grimm kehrten i Heilbad Heiligenstadt ein. Dann geht es nach Niedersachsen. In Ebergötzen lebte einst der humoristische Zeichner und Dichter Wilhelm Busch als Kind. Was es über seine Erlebnisse in der Mühle seines Mitschülers zu berichten gibt, erzählt ein Exkurs. Die Geschichten um Max und Moritz haben hier ihren Ursprung. Im Südharz folgt die Route dann wieder bei Fürstenberg dem Weserlauf. Hier trifft sie auf die ebenfalls im Buch beschriebene Dornröschenroute, die von Kassel nach Hann. Münden und dann westlich um den Reinhardswald zur berühmten Sababurg führt.

Frau Holle steht Patin für eine ganze Region.

Nieste
Wo die Affen wohnten

Der kleine Erholungsort am Westhang des Kaufunger Waldes ist eine Wohngemeinde. Hier leben viele Pendler, die in Kassel arbeiten. Nieste ist stolz auf die erste Wanderschule Deutschlands.

Märchenhaftes

Niester Riesen

Mammutbäume stehen mitten im Laubwald am Südrand des 350 Meter hohen Gerholdsberges. Der Legende nach sind diese Exoten Riesen, die ein Waldgeist verzaubert hat. Eine vier Meter hohe Metallskulptur von Robert Colnago erinnert ebenfalls an die Niester Riesen. Ganz in der Nähe verläuft ein Panoramawanderweg. An der hier befindlichen Burg Sensenstein (siehe Über Nacht) beginnt zudem ein zwölf Kilometer langer Eco Pfad Archäologie. Er informiert auf sechs Stationen über mittelalterliche Eisenbergwerke, Hügelgräber und führt auch am Affendenkmal von Gut Windhausen vorbei.

Verzaubert vom Waldgeist: Mammutbaum am Gerholdsberg.

Germanischer Garten

Fipps, der Affe wurde hier geboren. Jedenfalls kam Wilhelm Busch bei seinem Besuch 1878 in dem romantisch-sentimentalen Garten – dem einzigen seiner Art in Deutschland – beim Anblick einer abgebrochenen Säule, der Affensäule, die Idee zu der Humoreske. 1879 veröffentlichte er sie. General Martin Ernst von Schlieffen hatte in der Menagerie des Schlosses eine Horde Affen gehalten, die jedoch bald zu bösartig wurden. Er schaffte sie ab und setzte ihnen das erwähnte Denkmal am Gartenteich. Den verwunschenen Garten, von dem nur Reste erhalten sind, schmücken Altar, Teufelsbrücke und ein Arminiusgrab. Der Garten am Schloss

Fipps, der Affe – Wilhelm Busch bekam hier die Idee dazu.

Windhausen östlich von Niestetal-Heiligenrode an den südlichen Ausläufern des 352 Meter hohen Mühlenbergs wurde 1769 angelegt. Der Weg dorthin führt von Heiligenrode auf der Kreissstraße K 4 nach Osten zum Gut Windhausen (Witzenhäuser Straße).

Kultur und Erlebnis

Wanderschule

Auch Wandern will gelernt sein. Dazu werden Seminare, geführte Wanderungen und Planungen für individuelle Routen angeboten. Tipp: Der Märchenlandweg führt hier vorbei.
Wilhelm-Heitmann-Platz 3, Tel. +49 (0)5605 944120, und 944121, www.wanderschule-nieste.de

Fipps, der Affe

In zwölf Kapiteln sowie dem „Anfang" widmet sich Wilhelm Busch dem Affen. Zitat vom Ende des „Anfangs":

Selten zeigt er sich beständig,
Einmal hilft er aus der Not;
Anfangs ist er recht lebendig,
Und am Schlusse ist er tot.

Damit kündigt der Dichter und Zeichner schon das Ende des lebhaften Affen in seiner illustrierten Bildergeschichte an. So heißt es im ersten Kapitel:

Der Fipps, das darf man wohl gestehen,
Ist nicht als Schönheit anzusehen.
Was ihm dagegen Wert verleiht
Ist Rührig- und Betriebsamkeit.
Wenn wo was los, er darf nicht fehlen;
Was ihm beliebt, das muß er stehlen;
Wenn wer was macht, er macht es nach;
Und Bosheit ist sein Lieblingsfach.

Auch als Film unter dem Stichwort „Fipps, der Affe" auf You Tube: www.youtube.com

Über Nacht

Burg Sensenstein
Die Jugendburg und Sportbildungsstätte hat neben Zeltplätzen auch Mehrbettzimmer zu bieten.
Sensenstein
Tel. +49 (0)561 10031154
www.sensenstein.de
DZ 28 Euro, für Kinder 6–17 J. 20 Euro;
Zelten 5 Euro pro Pers. und Nacht

Freizeitheim Rotte Breite
Vierzig Betten stehen bereit, Preise und Öffnungszeiten auf Anfrage.
Rotte Breite 1
Tel. +49 (0)5605 925476

Für Genießer

Bayerisch: Königs-Alm
In der großen Holzhütte mit Livemusik gibt es Selbstbedienung, die Hauptgerichte werden am Platz serviert. Auf der Sonnenterrasse finden 200 Gäste Platz.
Tannenhütte 1
Tel. +49 (0)5605 9290628
www.koenigsalm.de
Hauptgericht 9,50–17,50 Euro

Touristeninformation

Wilhelm-Heitmann-Platz 3
34329 Nieste
Tel. +49 (0)5605 944120
www.nieste.de

Kaufungen
Die Klangvolle

Die Stiftskirche überzeugt durch Konzerte, das Ziegeleimuseum durch Sinneseindrücke (unten). Rechts ein Blick über Kaufungen.

Wo lassen sich schon alte Brennkammern einer Ziegelei besuchen? Und wo findet man darin einen Parcours, der die Sinne anregt? Kaufungen hat das zu bieten – und noch mehr. Eingebettet ins Lossetal östlich von Kassel feierte die Doppelgemeinde gerade ihr 1.000-jähriges Bestehen. Der spätere Kaiser Heinrich II. hatte damals seiner Frau Kunigunde den Wirtschaftshof Kassel geschenkt, der bald nach Kaufungen verlegt wurde. 1011 ist der Ort erstmals urkundlich erwähnt worden. Hier stiftete Kaiserin Kunigunde ein Benediktinerinnenkloster. In Stiftskirche, Stiftshof und der Zehntscheune sind oft herausragende Konzerte, Chöre und Solisten zu hören.

Sehenswertes

Alte Schule und MitmachHaus

Das Regionalmuseum brilliert mit einem nachgebauten Stollensystem. Früher gingen die Kaufunger in die Braunkohlenzeche, woran hier erinnert wird. In 400 Jahren wurden 4,5 Millionen Tonnen Braunkohle gefördert. Auch das Eiszeitpferd und Dinosaurierspuren ziehen die Blicke an. Mit dem Museumsgarten und dem MitmachHaus ist das Ganze ein Magnet für Besucher.
Schulstr. 33, Tel. +49 (0)5605 7307, Öffnungszeiten: Mi, Do, Sa 14–17 Uhr; So 10–17 Uhr; Erw. 1,50, Kinder 0,50 Euro

Bergwerksmuseum Rossgang

Die alte Schachtanlage zur Förderung von Braunkohle ist deshalb besonders, weil sie zu den wenigen gehört, die noch ein Pferdegöpel zeigen. Dabei gehen die Tiere im Kreis, sind mit einem Holzgestell verbunden und bewegen so eine Förderanlage. Das geschah von 1820 bis 1880.
Freudentalstraße, Tel. +49 (0)5605 7307, Öffnungszeiten: April–Okt.: So 14–16 Uhr; Erw. 1 Euro, Kinder 0,50 Euro, www.nordhessen.de

Sechsschienengleis

Stadtbahn und Güterzug können dieselbe Trasse nutzen. Die schmalere Stadtbahn gelangt so näher an die Bahnsteigkante. Der Zug hingegen fährt in der Mitte, ohne den Bahnsteig zu gefährden.
Haltestelle Niederkaufungen-Mitte

Über Nacht

Freundlich: Hotel am Steinertsee
Das familiär geführte Haus am Naherholungsgebiet liefert Ruhe und Genuss.
Am Steinertsee 1
Tel. +49 (0)5605 947980
www.hotel-steinertsee.de
DZ ab 49 Euro

Jährliche Feste

Kaufunger Konzerte
In der Stiftskirche erklingt Vokalgesang.
Tel. +49 (0)5605 8020
www.kaufungen.eu und
www.adticket.de

Stift Kaufungen

Die Stiftskirche zum Heiligen Kreuz erhebt sich über dem alten Fachwerkhausensemble der Stadt. Kaiserin Kunigunde ließ sie bauen. Ein Jahr nach dem Tod ihres Mannes Kaiser Heinrich II. wurde sie am 13. Juli 1025 geweiht. Kunigunde aber ging als Nonne in ihr Benediktinerkloster. Vom Kirchgarten aus gelangt der Gast durch einen Rundbogen zur „schönen Aussicht“. Der Blick schweift bis ins grüne Lossetal.
Zur schönen Aussicht 6, Tel. +49 (0)5605 6600, www.foerderverein-stiftskirche-kaufungen.de

Für Genießer

Gutbürgerlich: Hessenperle Hausmannskost oder vegetarisch – hier wird jeder verwöhnt.
Leipziger Str. 273
Tel. +49 (0)5605 3051703
www.hessenperle-kaufungen.de
Hauptgericht 10–18 Euro

Ziegeleimuseum

In Oberkaufungen lebt ein Stück Industriekultur wieder auf: 111 Jahre lang wurden hier Ziegelsteine und Dachziegel produziert. Ein Verein kümmert sich um die Darbietung der Exponate, zu denen ein 660 Quadratmeter großer Zickzackofen gehört. 16 begehbare Brennkammern und die Ofenhalle sind im Parcours der „SinnesGänge“ eingebaut – ein Erlebnis nicht nur für Kinder.
Niester Str. 24, Tel. +49 (0)5605 7799, Öffnungszeiten: Mai–Sept.: Sa 14–18 Uhr; So 11–18 Uhr; Erw. 3 Euro, Kinder ab 1,20 m 2 Euro, www.hessisches-ziegeleimuseum.de

Kommune Niederkaufungen

Seit 1986 leben und arbeiten hier rund 80 Menschen auf einem früheren Bauernhof. Es gibt in Deutschlands größter Kommune Milchwirtschaft, Gemüseanbau, Tagespflege für Demente, eine Schlosserei und einen Biopartyservice. Es werden Kennlernwochenenden, Infonachmittage und Hoffeste veranstaltet.
Kirchweg 3, Tel. +49 (0)5605 80070, www.kommune-niederkaufungen.de

Kultur und Erlebnis

Lossetalbahn

Mit dieser Straßenbahn bis Kassel zu fahren, ist ein Erlebnis.
Tel. +49 (0)180 2340180, www.nvv.de

Lossetalradweg

Von der Mündung der Losse in die Fulda bis zur Quelle in Hessisch-Lichtenau führt der 33 Kilometer lange Weg durch Feld, Wald und Fachwerkdörfer.

Für Kinder

Erholungs- und Freizeitpark Steinertsee

Im früheren Gebiet des Braunkohleabbaus hat der See die Funktion als Rückzugsgebiet für Vögel, Pflanzen und Amphibien. 2,5 Kilometer Spazierwege sind angelegt. Spielflächen für Kinder locken, ebenso eine Minieisenbahn. Die Straßenbahnlinie 4 führt bis Kaufungen-Rieckswiesen, von dort sind es 15 Minuten zu Fuß bis zum Spielplatz.
Am Weinberg, Öffnungszeiten: April–Okt.: So 13–17 Uhr, www.steinertseebahn.de

Haben die Scheiben eine dritte Dimension? – die „SinnesGänge" in Oberkaufungen.

Touristeninformation

Leipziger Str. 463
34260 Kaufungen
Tel. +49 (0)5605 8020
www.kaufungen.eu

Helsa
Das Rumpelstilzchen

Das denkmalgeschützte Fachwerkensemble im Ort verleiht der kleinen Gemeinde einen Hauch fröhlicher Erinnerung an die gute alte Zeit. Im Ortsteil Wickenrode, erstmals 1293 erwähnt, entstanden viele Glashütten. Ab 1600 wurde am Hirschberg Kohle gefördert. Heute sind Wanderer und Mountainbiker im reizvollen Tal der Losse unterwegs im Naturpark Meißner-Kaufunger Wald.

Für Genießer

Gutbürgerlich:
Zum König von Preußen
Hier wird das märchenhafte Gericht „Rumpelstilzchens Geheimnis" serviert.
Leipziger Str. 53
Tel. +49 (0)5605 2676
Hauptgericht ab 10 Euro

Märchenhaftes

Rumpelstilzchenbrunnen
Er schmückt einen Platz an der Ortsdurchfahrt. Das Märchen der Brüder Grimm stammt aus dem Hessischen, hier im Ort gibt es zumindest eine Mühle. Die Müllerstochter kann angeblich Stroh zu Gold spinnen, wozu sie aber die Hilfe von Rumpelstilzchen braucht.
Leipziger Str. 53

Strom aus der Wassermühle – mitten in Helsa.

Sehenswertes

Musik- und Kinomuseum

Im Ortsteil Eschenstruth zeigt Sammler Werner Baus hundert tönende Musikinstrumente und hundert Jahre Kinogeschichte.

Mühlenweg, Öffnungszeiten: Mi ab 14 Uhr; Eintritt frei, Tel. +49 (0)5602 299562 und +49 (0)5602 918833

Alter Ortskern

Die Kirche mit frei stehendem Wehrturm, der durch eine Ringmauer gegen Feinde geschützt wurde, ist genauso sehenswert wie das Ensemble aus Fachwerkhäusern.

Mittelmühle

Die historische Mühle im Ortskern zeigt kurz vor der Mündung des Wedemannbachs in die Losse anschaulich, wie die Müller ab 1900 lebten und arbeiteten. Wasserkraft erzeugt Strom – das ist hier zu sehen, kostenfreie Führungen sind nach Vereinbarung zu buchen.

Tel. +49 (0)5605 4260, www.muehle-helsa.de

Rumpelstilzchen

Heute back ich, morgen brau ich,
übermorgen hol ich der Königin ihr Kind;
ach, wie gut, dass niemand weiß,
dass ich Rumpelstilzchen heiß!

Wer kennt diese Zeilen nicht?

Kultur und Erlebnis

Wandern auf dem Grimmsteig

Etappe vier zeigt auf zwölf Kilometern bis Nieste eine wellige Waldlandschaft.

www.grimmsteig.de

Touristeninformation

Berliner Str. 20
34298 Helsa
Tel. +49 (0)5605 80080
www.helsa.eu

Großalmerode
Welt aus Ton und Glas

Eingebettet in Wiesen, Höhen und Wälder des Kaufunger Waldes ist der Ort geprägt von Ton, Sand und Kohle. Im 16. Jahrhundert waren hier viele Glashütten aktiv, die Zunft hatte ihren Sitz im Ort. Später machte sich die Gemeinde einen Namen durch das Brennen von Steinzeug und Porzellan – der Besuch des Glas- und Keramikmuseums ist also Pflicht!

Heinrich Pforrs Welt

Der Heimatmaler aus Laudenbach am Meißner war durch eine Kinderlähmung lebenslang gehbehindert. Schon als Kind malte und zeichnete er. Später ging er zur Kunstakademie Karlsruhe. Sein Lebenswerk zählt 332 Porträts, rund 400 Landschaftsbilder, 294 Skizzen und 45 Stillleben.

Märchenhaftes

Kirche

Einen Gedenkstein zur Erinnerung an Wilhelm Grimm trägt die Kirche in Großalmerode deshalb, weil er am 13. April 1800 hier konfirmiert wurde. Pastor war ein Cousin von Wilhelms Mutter, weshalb der 14-Jährige vermutlich hier konfirmiert wurde. Die Familie wohnte damals in Kassel.

Nordstr. 25, Tel. +49 (0)5604 915204, www.grossalmerode.de

Die Bilder des Heimatmalers Pforr. Rechts: Hier wurde Wilhelm Grimm konfirmiert.

Sehenswertes

Glas- und Keramikmuseum

Bis heute wird in Großalmerode Ton gewonnen. Wie das geschieht und warum 2003 Schluss war mit der Braunkohle, lässt sich hier erfahren. Es geht aber auch um das Formen von Alltagskeramik oder Wasserrohren aus Ton. Warum waren die Tonmurmeln im Ausland so beliebt? Und wie konnte sich hier über mehr als hundert Jahre das Zentrum der deutschen Glasherstellung entwickeln? Die Antworten präsentiert das Museum. Im Dachgeschoss sind die Bilder des Heimatmalers Heinrich Pforr (1880–1970; siehe Textbox) zu bewundern.

Kleiner Kirchrain 3, Öffnungszeiten: April–Okt.: So 14–17 Uhr; Erw. 2 Euro, Kinder bis 12 J. 1 Euro, www.glas-und-keramikmuseum.de

Kultur und Erlebnis

Einkehren im Berggasthaus Bilstein

Der 642 Meter hohe Berg im Kaufunger Wald ist der höchste, hat einen Aussichtsturm und ist nur zu Fuß oder mit dem Fahrrad zu erreichen. Im Berggasthaus wird der Ausflügler von April bis Oktober (Di–So 11–18 Uhr) bewirtet.

Tel. +49 (0)5542 8213

Technisch-historischer Lehr- und Wanderpfad

Auf Tafeln auf dem Weg wird von der industriellen Vergangenheit erzählt. Er führt zu Gebäuden und Orten ehemaliger Produktion und Förderung.

Auskunft im Glas- und Keramikmuseum (siehe Sehenswertes)

Für Genießer und über Nacht

Zünftig:
Pension Jausenstation
Biolandprodukte kommen hier auf den Tisch und werden über den Tresen gereicht (es gibt zwei Verkaufsläden).
Alte Rezepte und bodenständige Küche mit naturbelassenen Zutaten haben das Haus weithin bekannt gemacht.
Weißenbachstr. 1
37247 Großalmerode-Weißenbach
Tel. +49 (0)5604 6749
www.jausenstation.de
DZ ab 88 Euro; Hauptgericht als Drei-Gang-Menü ab 24 Euro

Touristeninformation

Marktplatz 18
37247 Großalmerode
Tel. +49 (0)5604 933526
www.grossalmerode.de

Hessisch Lichtenau
Alles über Frau Holle

Oben auf dem 753 Meter hohen Meißner schüttelte Frau Holle die Betten, sodass es unten schneite. Im Frau-Holle-Teich liegt ihr versunkenes Schloss. Da ist es kein Wunder, dass sich in der hübschen Stadt alles um die Federbetten schüttelnde Märchenfigur rankt. Ansonsten herrschten hier die Chatten im 5. Jahrhundert. Sie legten eine Wallburg an, aus der später die Burg Reichenbach wurde. Dort lebten die Grafen von Reichenbach, später die hessischen Landgrafen; Landgraf Ludwig II. starb hier 1471. Hessisch Lichtenau ist Veranstaltungsort von zahlreichen Lesungen und Festen und bietet dem Besucher verschiedene Delikatessen.

Juwel der Region: das Alte Rathaus.

Märchenhaftes

Holleum

Im alten Rathaus wird Frau Holle gehuldigt – das neue Museum präsentiert alles rund um das Märchen, und das sehr modern. Die interaktive Erlebnistour hat mit Kräutern zu tun, mit Volksbräuchen und natürlich Federnpusten – wie bei Frau Holle.

Landgrafenstr. 17, Tel. +49 (0)5602 807147, Öffnungszeiten: So 15–17 Uhr; Erw. 2 Euro, Kinder ab 6 J. 1 Euro, www.frau-holle-tor.de

Frau-Holle-Rundweg

Auf zwölf Stationen führt der Pfad durch die Altstadt – ein Genuss. Start ist am Holleum.

Jährliche Feste

Rosenmontagsumzug
Die Stadt versteht sich auf Karneval. Er wird hier in allen Varianten einschließlich Kostümfest, Weiberfastnacht und Disko gefeiert.

Festival der Volksmusik
Zum volkstümlichen Fest mit Trachten zieht es Jung und Alt im März ins Bürgerhaus.

Märchenfest im Frau-Holle-Park
Kinder kommen meist im Kostüm zum kunterbunten Fest im Mai. Wer kein eigenes Kostüm hat, kann sich eins bei der „Wundertüte" ausleihen.
Quellentalstr. 1, 37235 Hessisch-Lichtenau-Quentel
Tel. +49 (0)5602 913288, www.kostuemverleih-wundertuete.de

Weinfest am Karpfenfängerteich
Mitte Juni bieten Winzer aus dem Rheingau ihre erlesenen Tropfen an.

Hausener Dichterlesung
In der Dorfkirche kommt den Gästen Mitte August Literatur zu Ohren.

Frau-Holle-Park

Zwanzig Spruchplatten mit Zitaten aus dem Märchen sind in den Weg durch den Park im Herzen der Stadt eingelassen. Neun Stelen aus Granit von der Kunsthochschule Kassel zieren zudem den früheren Rhod'schen Park.

Zum Spielen: Frau Holle im Park mit Zitaten im Boden (rechts unten).

Über Nacht

Solide: ★ ★ ★ Gästehaus Am Mühlenberg
Im früheren Schwesternwohnheim der Diakonie sind helle, freundlich gestaltete Zimmer entstanden.
Am Mühlenberg
Tel. +49 (0)5602 831246
www.gaestehaus-lichtenau.de
DZ 77 Euro

Im Grünen: Landhotel Hubertus
Das Haus Richtung Hoher Meißner bietet ein Restaurant mit deftigen Wurstgerichten aus eigener Fleischerei. Die Zimmer sind modern eingerichtet.
Hausener Str. 12
Tel. +49 (0)5602 80090
www.landhotel-hubertus.de
DZ 66–78 Euro

Für Genießer und über Nacht

Märchenhaftes zum Essen: Goldmariegelee besteht aus Holundersaft, das Pechmariegelee aus Früchten. Es gibt auch Knusperstangen und Apfelschnitte – zu finden in der Bäckerei Hobein:
Landgrafenstr. 31
Tel. +49 (0)5602 2525
www.baeckerei-hobein.de

Ein Frau-Holle-Menü hält der Alte Ratskeller bereit:
Landgrafenstr. 17
Tel. +49 (0)5602 915715
Schokokissen sind im Café im Brauhaus zu bekommen:
Burgstr. 30
Tel. +49 (0)5602 917160
www.cafe-im-brauhaus.de

Sehenswertes

Sippel'scher Hof

Das alte Bauerngehöft in fränkischer Bauweise wurde restauriert und wird heute als Museum des Burgvereins Reichenbach genutzt. Zu sehen sind die Funde von Grabungen an der benachbarten Klosterkirche. Die dreischiffige Basilika ist die älteste Niederlassung des Deutschen Ordens in Deutschland.

Klosterstr. 4, 37235 Hessisch Lichtenau-Reichenbach, Tel. +49 (0)5602 6669, Besichtigung nach Anmeldung, www.burgverein-reichenbach.de

Dolomitfelsen

Südöstlich von Reichenbach liegt diese vorgeschichtliche Kultstätte. Die Großen Steine sind ein Naturdenkmal.

Fantasiewesen? – die Dolomitfelsen.

Touristeninformation

Landgrafenstr. 52
37235 Hessisch-Lichtenau
Tel. +49 (0)5602 807147
www.hessisch-lichtenau.de und
www.frau-holle-tor.de

Bad Sooden-Allendorf
Der Kurort mittendrin

Was ein Berlaff ist, erfährt der Kurgast schnell: ein Holzlöffel, mit dem die Solebedampfung beschleunigt wird. So ein Gegenstand in Gold schmückt das alte Wappen der Stadt Sooden, die sich als Kurort an der hessisch-thüringischen Grenze behauptet. Seit 1929 sind Sooden und Allendorf vereinigt. Die Perle im Werratal, wie sie sich nennt, liegt fast genau in der Mitte Deutschlands. Die mittelalterliche Fachwerkarchitektur ist tatsächlich ein Schmuckstück.

Idyll an der Werra – der Kurort mit Gradierwerk und Salzmuseum (rechts).

Sehenswertes

„Am Brunnen vor dem Tore"

Das gleichnamige Lied, später von Franz Schubert vertont, hat hier seinen Ursprung. Der Lyriker Wilhelm

Müller soll das Gedicht 1823 am Zimmersbrunnen vor dem Allendorfer Steintor verfasst haben. Dort steht auch die zugehörige Linde. Sie wurde 1912 neu gepflanzt.

Gradierwerk

Hier gibt es reine Luft! Für alle zu empfehlen: Das Gradierwerk von 1638 dient nach wie vor als Freiluftinhalatorium und wurde 2003 renoviert.
Am Gradierwerk,
ganzjährig geöffnet,
bei Frostgefahr geschlossen

Söder Tor mit Salzmuseum

Hier wird an die Gewinnung des „weißen Goldes" erinnert, das über Jahrhunderte den Reichtum der Stadt ausmachte. Um 1555 zählte das Salzwerk zu den bedeutendsten Salinen Deutschlands.
Am Tor 1, Tel. +49 (0)5652 95870,
Öffnungszeiten: April–Sept.:
Mi, Sa, So 14–17 Uhr;
Erw. 1 Euro, Kinder 0,50 Euro,
www.salzmuseum.heimatkunde-bsa.de

Am Brunnen vor dem Tore

Am Brunnen vor dem Tore,
Da steht ein Lindenbaum:
Ich träumt' in seinem Schatten
So manchen süßen Traum.

Ich schnitt in seine Rinde
so manches liebe Wort;
Es zog in Freud und Leide
Zu ihm mich immer fort.

Ich mußt' auch heute wandern
Vorbei in tiefer Nacht,
Da hab ich noch im Dunkel
Die Augen zugemacht.

Und seine Zweige rauschten,
Als riefen sie mir zu:
Komm her zu mir, Geselle
Hier findst Du Deine Ruh!

Die kalten Winde bliesen
Mir grad in's Angesicht;
Der Hut flog mir vom Kopfe,
Ich wendete mich nicht.

Nun bin ich manche Stunde
entfernt von jenem Ort,
Und immer hör ich's rauschen:
Du fändest Ruhe dort!

Grenzmuseum Schifflersgrund

Im Grenzmuseum sind alte Militärautos, Hubschrauber und Grenzstreifen zu sehen, außerdem erfährt der Gast, was die Whiskey-Wodka-Linie war.

Platz der Wiedervereinigung 1, 37318 Asbach-Sickenberg, Tel. +49 (0)36087 98409, Öffnungszeiten: März–Okt.: Mo–So 10–17 Uhr; Nov.–Feb.: Di–Fr 10–16 Uhr; Sa, So 11–16 Uhr, www.grenzmuseum.de

Fischerstad: sitzen und genießen.

Jährliche Feste

Rosenmontagsumzug

Märchenwoche mit Frau Holle
Von Ostersonntag an werden Theaterstücke und Märchen aufgeführt, Puppen ausgestellt, Konzerte gespielt – und täglich um 15 Uhr schüttelt Frau Holle sieben Tage lang die Betten aus dem Söder Tor. www.maerchenwoche.de

Brunnenfest
Zu Pfingsten wird das Salzsieden von früher noch einmal vorgeführt – zusammen mit einem bunten Programm in der Stadt.

Erntefest
Mit eineinhalb Kilometer Girlanden wird es seit 150 Jahren gefeiert – am dritten Augustwochenende.

Fischerstad

Idyllisch am Ufer gelegen – vom Biergarten in „Klein Venedig", wie das Wohngebiet mit den sehenswerten Fachwerkhäusern der Fischer genannt wird, fällt der Blick auf die Werra. Noch heute üben einige Bewohner nebenberuflich die Fischerei aus.

Kultur und Erlebnis

WerratalTherme

Mit Wellenbad, Warmwasser, Sauna und Anwendungen ein Hochgenuss.
Am Gradierwerk 2 a, Tel. +49 (0)5652 958770, Öffnungszeiten: tgl. 9.30–22.30 Uhr; Fr 9.30–24.00; für 2 Std.: Erw. 7,70 Euro, Kinder bis 14 J. 4 Euro, www.werrataltherme.de

Für Kinder

Aufs Wasser

Kanu fahren, Wasserwandern – alles ist hier möglich.
Auskunft im Bootshaus oder in der Touristeninformation (siehe Textbox)

Schlösser und Burgen

Schloss Rothestein

Der rote Sandstein, auf dem das 1891 erbaute Schloss steht, verlieh ihm seinen Namen. Es befindet sich etwa drei Kilometer südöstlich von Bad Sooden-Allendorf. Von der Terrasse des Restaurants aus bietet sich ein herrlicher Blick aufs Werratal (siehe Für Genießer).

Für Genießer

Schloss Rothestein
Das Wanderziel mit der grandiosen Aussicht bietet auf der Kaffeeterrasse feinen Kuchen. Im Winter ist das Café geschlossen.
Schloss Rothestein 1
Tel. +49 (0)5652 2057
www.schloss-rothestein.com

Über Nacht

Mittendrin: Parkhotel Am Schwanenteich
Zu Therme, Altstadt und Kino ist es nicht weit. Das freundliche Haus mit Liegewiese, Terrasse und Wellness heißt auch Wanderer und Radfahrer willkommen. Beliebt sind Kurzurlauberpauschalen.
Rosenstr. 4
Tel. +49 (0)5652 6000
www.parkhotel-schwanenteich.de
DZ 70 Euro

Touristeninformation

Landgraf-Philipp-Platz 1–2
37242 Bad Sooden-Allendorf
Tel. +49 (0)5652 95870
www.bad-sooden-allendorf.de

Witzenhausen
Die Kirschmetropole

Die Innenstadt ist reich an altem Fachwerk, wie bei vielen Orten in Nordhessen. Das Sommermann'sche Haus von 1511 und das Steinerne Haus von 1584 ragen jedoch heraus. Bekannt ist Witzenhausen für das größte und älteste Kirschanbaugebiet in Deutschland sowie für die kleinste Universität. Es handelt sich um den Fachbereich Ökologische Agrarwissenschaften, ein Ableger der Uni Kassel. Das ist auch ein Grund, warum sich hier viele Biofirmen angesiedelt haben.

Märchenhaftes

Frau Holle

Alles über die Aktivitäten der Umgebung im Frau-Holle-Land findet sich im Konsulat im Burghotel.
Oberburgstr. 10, Tel. +49 (0)5542 2506, www.burghotel-witzenhausen.de

Seit 1225 Stadt, hat der Ort weltweite Verbindungen.

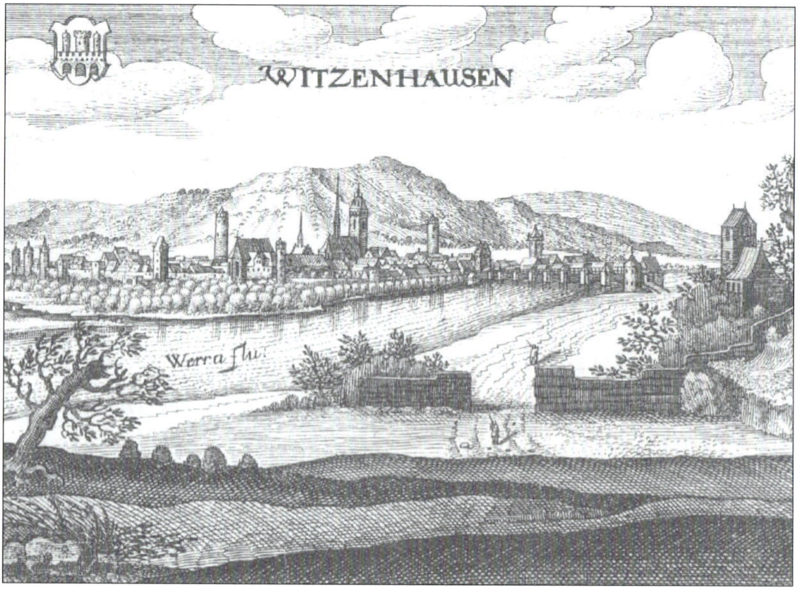

Brüder Grimm

Am 17. Dezember 1837 machten die Grimms im Gasthaus zur Krone Station, als sie sich nach ihrer Entlassung an der Uni Göttingen auf dem Rückweg nach Kassel befanden.

Sehenswertes

Völkerkundliches Museum

2000 Objekte aus aller Welt sind hier zusammengetragen und zeugen von der Vielfalt der Kulturen. Es geht auch um Gegenstände des täglichen Gebrauchs, umweltbedingte Überlebensstrategien oder Themen wie Tod und Fruchtbarkeit.

Steinstr. 19, Tel. +49 (0)5542 60721, Öffnungszeiten: April–Okt.: Mi, So 15–17 Uhr; Eintritt frei, www.ditsl.org

Jährliche Feste

Kesperkirmes
Am zweiten Juliwochenende wird Kirschfest gefeiert.

Nicht ohne Bohne

Woher die Kakaobohne kommt, ist im Witzenhausener Gewächshaus zu erfahren – aus Süd- und Mittelamerika. Die Azteken nutzten sie seit dem 14. Jahrhundert als Zahlungsmittel und Gewürztrank mit Mais, Vanille und Cayennepfeffer. Als die Spanier 1519 Mexiko eroberten, gelangte die Kakaobohne nach Europa. Heute produziert allerdings Afrika die größten Mengen: die Elfenbeinküste 1,2 Millionen Tonnen im Jahr, Ghana 660.000 Tonnen und Nigeria 370.000 Tonnen.

Gewächshaus für tropische Nutzpflanzen

Wie Kakao und Kaffee wachsen, erfährt man hier. Über 400 Arten tropischer Nutzpflanzen werden vorgestellt. Die begehbare Klimakammer liefert spannende Eindrücke von sonst fernen Pflanzenwelten.

Steinstr. 19, Tel. +49 (0)5542 981231, Öffnungszeiten: Mi, Fr, Sa, So 14–16 Uhr; Eintritt frei; Führung Sa 14 Uhr; Erw. 2,50 Euro, www.agrar.uni-kassel.de

Über Nacht

Außergewöhnlich: Jugendburg Ludwigstein
Übernachten in der Burg ist nicht nur ein Gruppenerlebnis. Hier sind auch Einzelreisende willkommen. Die Zimmer haben zwei bis acht Betten. Es gibt einen Zeltplatz.
Burg Ludwigstein
Tel. +49 (0)5542 501710
www.burgludwigstein.de
Übernachtung Erw. 23,50 Euro, erm. 18,50 Euro

Einladend: Burghotel Witzenhausen
Mit Wellness und Schwimmbad bietet der Burgaufenthalt viel Abwechslung; hier erfährt man auch viel über Frau Holle und die Sagen.
Oberburgstr. 10
Tel. +49 (0)5542 2506
www.burghotel-witzenhausen.de
DZ ab 69 Euro

Tabakmanufaktur und -museum
Tabak in Soßen einlegen, Zigarren rollen, Kautabak herstellen – das wird hier gezeigt.
Walburger Str. 48/50,
Tel. +49 (0)5542 911617,
Öffnungszeiten:
Do, Fr 10–12 Uhr;
Erw. 1,50 Euro,
www.nordhessen.de und
www.kruse-kautabak.de

Kultur und Erlebnis

Kirschenerlebnispfad
Er teilt sich in eine Stadt- und eine Landschaftsroute und führt auf 4,5 Kilometern Länge in die Sorten vielfalt bei Süßkirschen ein. Auf den Erlebnisstationen gilt es, einen Schatz zu entdecken und in die Krone eines Kirschbaums zu steigen – wirklich ein Erlebnis!
www.kirschenland.de

Für Kinder

Erlebnispark Ziegenhagen
Tiere, Technik, Spiel und Spaß – unter diese Rubriken fallen auch drei Museen mit Oldtimern und eine volkskundliche Sammlung. Aus dem fast 450 Jahre alten Gut ist ein Funpark entstanden.
Ziegenberg 3,
Tel. +49 (0)5545 246,
April–Okt.: 10–18 Uhr;
Erw. 11 Euro,
Kinder 90–115 cm 9,50 Euro,
www.erlebnispark-ziegenhagen.de

Schlösser und Burgen

Schloss Berlepsch

Auf der mittelalterlichen Burg wird gern geheiratet. Die markante Silhouette macht sie zu einem begehrten Fotomotiv, und auch für den Weihnachtsmarkt und Kerzenscheinführungen ist das Schloss eine hervorragende Kulisse. Gegründet wurde die Burganlage Mitte des 14. Jahrhunderts. Im ausgehenden 19. Jahrhundert wurden große Teile des Renaissanceschlosses integriert.

Berlepsch 1, Tel. +49 (0)5542 507010, Führungen auf Anfrage, www.schlossberlepsch.de

Wie aus dem Bilderbuch: Schloss Berlepsch.

Für Genießer

Schloss Berlepsch
Sonntags mittelalterliches Mittagsbüfett 11.30–15.30 Uhr. In der Taverne locken kleine Gerichte unter 10 Euro.

Touristeninformation

Am Markt 1
37213 Witzenhausen
Tel. +49 (0)5542 5080
www.witzenhausen.eu und www.kirschenland.de

Heilbad Heiligenstadt Papst, Gesundheit, Eichsfeld

Als einziger Ort der Märchenstraße liegt Heiligenstadt in Thüringen und bildet das Zentrum des Eichsfeldes. In die katholische Enklave kam 2011 sogar der Papst während seines Deutschlandbesuchs und hielt eine Marienvesper nahe der Wallfahrtskapelle Etzelsbach. Heiligenstadt hat von jeher Künstler und Literaten angezogen. Goethe kam 1801 kurz zu Besuch, Heinrich Heine hielt sich 1825 dort auf, die Brüder Grimm bereisten 1838 nach ihrer Göttinger Zeit die Stadt. Theodor Storm arbeitete hier acht Jahre lang als Kreisrichter, bevor er wieder nach Husum zurückkehrte. 1929 strömten dann vermehrt Herz- und Kreislaufkranke in den Ort, der zum Heilbad und Kneippkurort ernannt wurde. Heute kommen vor allem Gesundheitsbewusste, die sich fit halten wollen.

Imposant: die St.-Marien-Kirche.

Märchenhaftes

Märchenpark

Mit Rapunzel, dem Froschkönig und dem gestiefelten Kater aus den Märchen der Brüder Grimm erfreut der 2.600 Quadratmeter große Park seine Besucher. Ein kleines Gradierwerk ergänzt das Angebot.

An der Leineaue/Vitalpark, Tel. +49 (0)3606 677141145, Öffnungszeiten: Mai–Okt. frei zugänglich

Märchenpark Mackenrode

Hänsel und Gretel sowie der Wolf und die sieben Geißlein sind nicht die einzigen Figuren der Grimms, die den Park zieren. Wer hier entlangspaziert, genießt herrliche Ausblicke, kann ein Backhaus bewundern und im Gasthaus Am Brandholz einkehren.

Am Park, 37318 Mackenrode, Tel. +49 (0)36087 90505, Öffnungszeiten: April–Okt. frei zugänglich, www.thueringen-tourismus.de

Sehenswertes

Rund um den Marktplatz

Die Aegidienkirche, den Stiftsberg im Westen mit Bergkloster, das barocke Kurmainzer Schloss, die Kirchen St. Martin sowie St. Marien sind in einem kurzen Rundgang zu erreichen.

Über Nacht

*Ruhige Lage am Kurpark:
Hotel am Jüdenhof
Mit Restaurant, Bar und Sauna bietet das Haus ein gemütliches Ambiente.
Jüdenhof 5–7
Tel. +49 (0)3606 663888
www.am-juedenhof.de
DZ ab 69 Euro*

Pilger, kommst du ins Eichsfeld, halte ein!

Heimatmuseum

Die wechselvolle Vergangenheit dieser Region ist hier sehr gut aufbereitet. Auf 1.100 Quadratmetern in drei Etagen des imposanten Kollegs finden sich die Fundstücke dazu. Dem 1460 in der Stadt geborenen Künstler Tilman Riemenschneider widmet das Haus eine Ausstellung.

Eichsfelder Heimatmuseum, Kollegiengasse 10, Tel. +49 (0)3606 612618, Öffnungszeiten: Di–Fr 10–17 Uhr; Sa, So 14.30–16.30 Uhr; Erw. 2 Euro, Kinder 1 Euro, www.thueringen.de

Literaturmuseum Theodor Storm

Im Mainzer Haus, 1436 im fränkischen Fachwerkstil gebaut, wird in sechs Räumen an die Lebenswelt und das Schaffen des Dichters Theodor Storm erinnert, der hier von 1856 bis 1864 lebte. Sein Bruder Otto betrieb im Ort eine Gärtnerei. Ein Rosengarten ziert das Museum. Gedacht wird auch der Taufe des Dichters Heinrich Heine am 28. Juni 1825 in Heiligenstadt. Er trat vom jüdischen zum protestantischen Glauben über.

Am Berge, Tel. +49 (0)3606 613794, Öffnungszeiten: Di–Fr 10–17 Uhr; Sa, So 14.30–16.30 Uhr; Erw. 2 Euro, Kinder 1 Euro, www.stormmuseum.de

Was Storm uns lehrt

Der eine fragt:
Was kommt danach?
Der andre fragt nur: Ist es recht?
Und also unterscheidet sich
Der Freie von dem Knecht.

oder:

Vom Unglück erst
Zieh ab die Schuld;
Was übrig ist,
Trag in Geduld!

Beliebt: die Wallfahrtskapelle Etzelsbach und Theodor Storm in der Innenstadt.

Eisenbahnmuseum

Der denkmalgeschützte Ostbahnhof von 1915 liefert Einblicke in die Geschichte der Eisenbahn im Eichsfeld. Es ist der letzte Bahnhof mit Gleisen einer Steigungsstrecke mit Zahnradbetrieb. Es gibt Fahrten mit der Museumseisenbahn nach Schwebda.

Heiligenstädter Eisenbahnverein, Dingelstädter Str. 45, Tel. +49 (0)3606 508660, www.hev-ev.de

Kurpark

An der Leine entlang zieht sich der nach Heinrich Heine benannte Grünstreifen mit einem Wasserfall und hübschen Baumgruppen.

Wallfahrtskapelle Etzelsbach

Mehr als 90.000 Besucher zur Papstmesse, das hatte das Dörfchen nordwestlich von Heiligenstadt noch nicht erlebt. Die erste Kapelle an diesem Ort stammt vermutlich aus dem 15. Jahrhundert. Das heutige Gotteshaus wurde 1898 erbaut. Am zweiten Sonntag nach Mariä Heimsuchung im Juli kommen viele Pilger mit ihren Pferden zur „Pferdewallfahrt".

Dorfstr. 32, 37308 Etzelsbach, Tel. +49 (0)36085 40305, Öffnungszeiten: tgl. 8–17 Uhr, www.pfarramt-steinbach.de

Kultur und Erlebnis

Vitalpark

4.500 Quadratmeter Wellness-, Fitness- und Gesundheitsoase: Die Wasser- und Saunalandschaft hat sechs Schwimm- und Badebereiche und sieben Saunen sowie Wasserfall und Meditationsgarten.

In der Leineaue 1, Tel. +49 (0)3606 66390, Öffnungszeiten: Mo–Do 10–22 Uhr; Fr, Sa 10–23 Uhr; So 10–21 Uhr; Erw. 1,5 Std. 5,20 Euro, Kinder 5 Euro, www.vitalpark-heiligenstadt.de

Touristeninformation

Wilhelmstr. 50
37308 Heilbad Heiligenstadt
Tel. +49 (0)3606 677141
www.heilbad-heiligenstadt.de
und www.eichsfeld.de

Ebergötzen
Wo Max und Moritz lebten

Wer kennt sie nicht, die Lausbubengeschichten von Max und Moritz? In Ebergötzen – 15 Kilometer östlich von Göttingen – hat Wilhelm Busch seine Schulzeit verbracht. Hier erlebte er mit seinem Freund Erich Bachmann in der Mühle dessen Vaters, was sich später so las: „Rickeracke! Rickeracke! Geht die Mühle mit Geknacke ..." Doch es gab noch mehr, wie Busch zugab: Das Haus der Witwe Bolte befand sich neben der Mühle. Der Steg, über den der Schneider Böck ging und stürzte, war nicht weit. Dazu dichtete Busch später: „Wieder tönt es:, Meck, meck, meck!' Plumps, da ist der Schneider weg!" So sind die Erlebnisse von Max und Moritz zum Teil die von Wilhelm und seinem Jugendfreund Erich in Ebergötzen.

Frisch mit Stoff bespannt – die Flügel der Bockwindmühle des Europäischen Brotmuseums.

Märchenhaftes

Wilhelm-Busch-Mühle

Das meistbesuchte Haus im Ort ist die Wilhelm-Busch-Mühle. Hier lebte der Dichter und Zeichner Wilhelm Busch, als er Schüler war, von 1841 bis 1845. Wer die niedrigen Räume betritt, kann ahnen, wie es damals zuging. Beim Rundgang wird auch die Mühlentechnik erläutert. Kindernachmittage zum Spielen in der Mühlenscheune beginnen zu festgelegten Terminen um 15 Uhr.

Mühlengasse 8, Tel. +49 (0)5507 7181, Öffnungszeiten: Di–So 9–13/14–17 Uhr; Erw. 4 Euro, Kinder 2,50 Euro, www.wilhelm-busch-muehle.de

Erlebnisschmaus

Nach der Museumsführung werden vier Stunden Unterhaltung geboten. Dazu sind deftige Suppen, Wurst und Käse im Angebot, „Witwe Boltes Federvieh knusprig" oder „Rote Grütze mit Beeren aus Lehrer Lämpels Garten".

Tel. +49 (0)5067 917604,
Termine: Jeden 2. Sa im Monat, 18 Uhr,
Erlebnisschmaus 49 Euro pro Pers.,
www.erlebnis-schmaus.de

Sehenswertes

Europäisches Brotmuseum

Vom Korn zum Brot und dazu der Anblick einer alten Bockwindmühle, die 1812 in Hotteln bei Hildesheim stand – so wird unser Grundnahrungsmittel hergestellt. Auch eine restaurierte Wassermühle ist zu sehen. Anschließend geht es ins Café Backstübl.

Göttinger Str. 7, Tel. +49 (0)5507 999498, Öffnungszeiten: März–Okt.: Di–Sa 9.30–16.30 Uhr; So 9.30–17 Uhr; Erw. 4 Euro, Kinder 3 Euro, www.brotmuseum.de

Mäuseturm

Südwestlich von Holzerode gab es bis etwa 1450 das Dorf Moseborn. Heute steht nur noch der Turm als Ruine. Um ihn herum sind die seltenen Ackerhochbeete, auch Wölbäcker genannt, zu sehen, die durchs besondere Pflügen im Mittelalter entstanden. Von hier geht man in vierzig Minuten durch den Plesseforst zum Hünstollen.

Für Genießer

Wursttradition
Hier kann man Würste aus der Hausschlachterei bekommen.
Alte Bauernkate
Herzberger Str. 50
Tel. +49 (0)5507 1672

Über Nacht

Preiswert: Wilhelm-Busch-Stube
Ein schlichtes Haus mit vielen Hinweisen auf den berühmten Dichter. Die Speisekarte bietet Schnitzel und andere Hauptgerichte ab 11 Euro.
Die Zimmer sind solide.
Herzberger Str. 20
Tel. +49 (0)5507 7799
www.wilhelm-busch-stube.de
DZ ab 50 Euro

Touristeninformation

Herzberger Str. 35
37136 Ebergötzen
Tel. +49 (0)5507 7310
www.ebergoetzen.de

Max und Moritz aus Ebergötzen

„Kein Ort ist mir vertrauter als Ebergötzen", erinnerte sich Wilhelm Busch (1832–1908) später. Die Wassermühle seines Freundes Erich Bachmann war es, die den „Klassiker des deutschen Humors" zu den Geschichten von Max und Moritz inspirierte. Die sieben Streiche, die später weltweit bekannt wurden, erschienen allerdings erst rund zwanzig Jahre später. Wegen seiner Zeichnungen und den knappen Reimtexten wird das Werk als einer der Vorläufer der heutigen Comics angesehen. Weitere bekannte Bildergeschichten, die er schrieb, waren *Plisch und Plum, Hans Huckebein* oder *Die fromme Helene.*

Wilhelm Busch gilt als Wegbereiter der Comics.

Kindheit in Ebergötzen

Als Neunjähriger war Wilhelm Busch, der Älteste von sieben Kindern, 1841 von seinen Eltern zur Erziehung von ihrem Heimatort Wiedensahl bei Bückeburg westlich von Hannover nach Ebergötzen in den Südharz gebracht worden. Gerade hatte Buschs Bruder Otto das Licht der Welt erblickt, sodass es zu Hause wegen der vielen Kinder zu eng gewesen sein könnte. Vermutlich war es aber vor allem der Wunsch des Vaters, dem Sohn eine bessere Bildung zu verschaffen, der den Ausschlag gab, ihn nach Ebergötzen zu bringen. Dort lebte Wilhelm Busch nun bei seinem Onkel Georg Kleine, dem Pfarrer des Ortes.

Von dem 35-Jährigen erhielt er Privatunterricht. Der war in Altsprachen bewandert sowie in Naturwissenschaften. Auch seine Kenntnisse als Imker gab er an den jungen Zögling weiter. Der Kontakt zu seinen leiblichen Eltern soll sehr gering gewesen sein. Als Zwölfjähriger besuchte er erstmals wieder seine Familie. 1846 zog Familie Kleine aus Ebergötzen mit Wilhelm Busch nach Lüthorst am Solling. Die Verbindung zu seinem Onkel und seiner Tante blieb ein Leben lang bestehen. Gerade in schwierigen Zeiten, als er mit seiner Zeichenkunst noch keinen durchschlagenden Erfolg hatte, fand er Trost bei Familie Kleine.

Max und Moritz: 56 Auflagen zu Buschs Lebzeiten

Bevor Wilhelm Busch nun in den Kunstschulen von Düsseldorf, Antwerpen und München sein Handwerk lernte, musste er auf Geheiß seines Vaters in Hannover Maschinenbau studieren. Das begann er zwar 1847, beendete es aber schon bald wieder. Seine Interessen galten dem Zeichnen und Formulieren. In München wurde Wilhelm Busch zunächst Mitarbeiter der Fliegenden Blätter, einer 1848 gegründeten politisch-polemischen Witzzeitung. 1864 endlich begann er, seine eigenen Bildergeschichten zu zeichnen und aufzuschreiben. *Max und Moritz* jedoch lehnte der erste Verleger ab – wegen mangelnder Verkaufsaussichten. Der zweite gab ihm 1.000 Gulden, etwa zwei Jahreslöhne eines Handwerkers. Bereits bis zu Buschs Tode erlebte die Geschichte von Max und Moritz die 56. Auflage mit 430.000 verkauften Büchern – damals eine unglaublich hohe Verbreitung. Seine oft pessimistischen Episoden, die er in hübsche Reime kleidete, amüsierten sogar Kaiser Wilhelm II., der ihm zum siebzigsten Geburtstag gratulierte. Bundespräsident Theodor Heuß nannte Busch in den 1950er Jahren einen „großen Deutschen". Doch Chronisten beschreiben ihn als eher zart, sodass ihm selbst derbe Streiche, wie er sie Max und Moritz andichtete, eher fremd waren. Geradezu verstört reagierte er auf die Hausschlachtungen im Herbst. Die „Metamorphose in Wurst" ekelte ihn so sehr, dass er ein Leben lang auf Schweinefleisch verzichtete.

In Wilhelm Busch – Deutsches Museum für Karikatur und Zeichenkunst im Georgengarten in Hannover wird sein Lebenswerk umfassend gewürdigt. Da ist zu erkennen, wie Busch mit Kindern, Tieren und Spießbürgern umging – sie führten bei ihm zu versöhnlicher Weisheit.

Bovenden
Blick ins Leinetal

Der Flecken Bovenden am nördlichen Rand von Göttingen liegt in einer lieblichen Landschaft an den südwestlichen Ausläufern des Nörtener Waldes. Die Burg Plesse ist ihr Wahrzeichen.

„Auf diesen Trümmern"

Als Goethe 1801 die Burg Plesse auf dem Vorsprung mit der guten Aussicht über das Leinetal besuchte, dichtete er vergnügt: „Auf diesen Trümmern hab ich auch gesessen …"

Märchenhaftes

Die Märchen *Die Schwanringe zu Plesse* und *Das stille Volk zu Plesse* haben die Brüder Grimm in ihren *Deutschen Sagen* veröffentlicht.

Hier saß schon Goethe – Burg Plesse.

Sehenswertes

Burg Plesse

Wer heute durch den Burghof geht, die Reste der Kapelle sieht oder die stattlichen Mauern, kann sich in die Zeit ab 1015 zurückversetzen. Schon damals wurde sie urkundlich erwähnt. Innen lässt sich trefflich speisen, draußen wunderbar wandern.

Burgführungen auf Anfrage, Tel. +49 (0)5594 804702, www.burg-plesse.de

Genießer lassen sich im Innern der Burg nieder.

Über Nacht

Burg-Hotel Hardenberg
Im nahe gelegenen Nörten-Hardenberg steht an der Schnapsbrennerei (Besichtigung möglich) dieses klassische Hotel von 1700. Mit Gourmetrestaurant Novalis, KeilerSchänke, Park, Golfanlage und dem weiteren Hotel Freigeist bildet es ein Ensemble.
Auch die Burgruine kann besichtigt werden.
Hinterhaus 11A
37176 Nörten-Hardenberg
Tel. +49 (0)5503 9810
www.burghotel-hardenberg.de
DZ 175 Euro

Für Genießer

Burg Plesse
Im alten Gemäuer werden knusprige Delikatessen serviert.
Burgschänke mit Rittersaal, Burghof und Gewölbekeller
Ritterstieg 99, Tel. +49 (0)5594 943333, www.burg-plesse.de
Hauptgericht 12–18 Euro; Rittermahl ab 21 Euro

Touristeninformation

Rathausplatz 1
37120 Bovenden
Tel. +49 (0)551 82010
www.bovenden.de

Wahlsburg
Wanderers Liebling

Die Märchenfähre ist zauberhaft, die Klosterkirche anregend, das Baumhaus gemütlich (rechts).

Links die Weser, rechts die Hügel hinauf zum Naturpark Solling-Vogler – für Wanderer ist das der ideale Ort für Touren. Weiter südlich geht es in den Bramwald, auf der anderen Seite der Weser in den Reinhardswald. Dann fällt der Blick hinab auf den Flusslauf der Weser, die hier ihre schönsten Bögen macht.

Jährliche Feste

Fahrradmarkt
Am dritten Wochenende im April in Lippoldsberg dreht sich alles ums Zweirad.

Drei-Fähren-Rundfahrt
Am dritten Sonntag im Mai gewinnt diese Wassertour viele Anhänger.

Kirmes
Trubel und Fahrgeschäfte sind am letzten Augustwochenende in Vernawahlshausen im Angebot.

Märchenhaftes

Märchenfähre

Sie verbindet Lippoldsberg mit dem Vorwerk auf der linken Weserseite. *Weserstraße, Betrieb: März–Okt.: Mo–Fr 7–18 Uhr; Sa 8–18.30 Uhr; So 9–18.30 Uhr; Erw. 0,50 Euro, Kinder bis 10 J. 0,30 Euro, www.wahlsburg.de/touristik/schifffahrt.php*

Sehenswertes

Klosterkirche Lippoldsberg

Sie gehört zu den herausragenden romanischen Bauwerken des 12. Jahrhunderts und liegt in Lippoldsberg, einem Luftkurort. Überhaupt versprüht der Ort einen Charme, der zur Einkehr und Besinnung anregt. Es gibt auch Konzerte und Lesungen.

Schäferhof 19, Tel. +49 (0)5572 334, Öffnungszeiten: tgl. 9–18 Uhr; Führungen auf Anfrage, www.klosterkirche.de

Museum im Schäferhaus

Originell und klein zeigt das urige Fachwerkhaus neben der Klosterkirche Alltagskultur im Oberwesergebiet – mit Backstube und Kolonialwarenladen.

Schäferhof 22, Tel. +49 (0)5572 921195, Öffnungszeiten: Mai–Okt.: So 15–18 Uhr, www.museen-in-hessen.de

Kultur und Erlebnis

Weserradweg

Er führt von Hann. Münden bis Cuxhaven und bietet auch auf Tagesetappen lohnende Ziele.

www.weser-radweg.de

Für Genießer

Wursttradition
Hier kann man Würste aus der Hausschlachterei bekommen.
Alte Bauernkate,
Herzberger Str. 50
Tel. +49 (0)5507 1672

Über Nacht

Familienerlebnis:
Baumhaushotel Solling
Übernachten zwischen Baumkronen etwa 15 Kilometer nördlich von Wahlsburg bei Schönhagen: Die sieben Häuser haben zwei bis sechs Schlafplätze, sind gedämmt und beheizbar, sodass sie sich ganzjährig nutzen lassen.
In der Loh
37170 Uslar
Tel. +49 (0)5571 919305
www.baumhaushotel-solling.de
Grundpreis 120 Euro am Wochenende (110 Euro in der Woche) pro Haus und Nacht; zusätzl. 12 Euro für Erw., 7 Euro für Kinder ab 7 J.

Touristeninformation

Am Mühlbach 15
37194 Wahlsburg
Tel. +49 (0)5572 937811
www.wahlsburg.de

Fürstenberg
Alles über Porzellan

Hätte Herzog Carl I. 1747 nicht die Porzellanmanufaktur gegründet, wäre Fürstenberg vielleicht nie entstanden. Die Ursprünge der Burg gehen auf das Jahr 1350 zurück. Doch erst die Herstellung des Porzellans ließ den Ort wachsen. Die Präzision in feinster Form bei der Produktion von Geschirrserien bis zu Designerstücken ist im Schloss zu bewundern. Die Fürstenbergmalerei gehört zu den ältesten dieser Art in Europa. Gleichzeitig offenbart sich eine der schönsten Ausblicke auf die Weser. Von hier geht es auch in den Solling, wo im Herbst die Hirsche röhren. Sehenswert ist der Wildpark Neuhaus.

Bei der Kunst der Porzellanherstellung kann man zuschauen.

Märchenhaftes

Der Weiße Ritter

Als Wegelagerer, der häufig Frachtschiffe auf der Weser überfiel, war der Rote Richard gefürchtet – so beginnt eine der Sagen des Ortes. Doch da trat Heinrich von Biscopeshusen als Weißer Ritter auf den Plan. Er wohnte seit 1382 in der Turmburg Fürstenberg, die dem Herzog Otto der Quade von Göttingen gehörte. Der Weiße Ritter, dessen blanker Plattenharnisch in der Sonne blitzte, schützte das Landvolk gegen das räuberische Gesindel. Der Herzog setzte ihn auch dazu ein, die Abgaben der Bauern an ihn zu überwachen.

Jährliche Feste

Ostereiermarkt
Schon Ende Februar wird das Schloss zum Marktplatz. Künstler und Kunsthandwerker aus dem In- und Ausland zeigen ihre Techniken, was das Verzieren von Eiern angeht. Es gibt eine große Auswahl.

Weihnachtsmarkt
Stände werden aufgebaut, Lichter strahlen im Advent. Vor dem Porzellanmuseum sind Weihnachtskrippen und Christbaumschmuck aufgebaut. Es gibt geräucherten Fisch und der Holzofenbäcker tischt warme Backwaren auf. Kinder üben sich im Marzipankneten. Dazu erklingen festliche Lieder vom Posaunenchor.

Gründete die Manufaktur: Herzog Carl. I. Das Schloss wird öfter zum Marktplatz (unten). Kinder begeistern sich im Wildpark Neuhaus (rechts).

Für Kinder

Wildpark Neuhaus

Der Ausflug in den Solling lohnt sich. Das Tierleben ist live vom Hochsitz aus zu verfolgen – Fernglas mitnehmen!
Hirtenweg 12, 37603 Holzminden-Neuhaus, Tel. +49 (0)5536 222, Öffnungszeiten: Mai–Okt.: 9–19 Uhr; Nov.–April: 9–17 Uhr; Erw. 5 Euro, Kinder 3,50 Euro www.wildpark-neuhaus.de

Mittelalterdorf Bokenrode

Vom Ritterschlag über das Leben im Mittelalter bis zum Walderlebnis lassen sich in der Jugendbildungsstätte Fürstenberg Dreitageprogramme buchen. Es gibt auch Tagesangebote mit Filzen, Lagerfeuer machen, Schwerttraining oder Laubhüttenbau. Viele alte Häuser sind aufgebaut.
Am Schullandheim 1, Tel. +49 (0)5271 5281, www.bokenrode.de, Programm für 3 Tage mit Ü/VP ab 90 Euro

„Weserlied“

An den Weserberg-Terrassen soll das Lied von Franz von Dingelstedt entstanden sein. Es beginnt so:

Hier hab' ich so manches liebe Mal
mit meiner Laute gesessen,
hinunterblickend ins weite Tal,
mein selbst und der Welt vergessen.

Schlösser und Burgen

Schloss Fürstenberg

Mit Museum, Besucherwerkstatt und Werksverkauf dauert der Besuch ein paar Stunden. Zu erleben ist viel. Das „weiße Gold der Weser“ ist ein Markenzeichen, zu erkennen an dem blauen „F“. Wer möchte, kann vorher einen Malkurs buchen und selbst Hand anlegen. Zur Einkehr steht das Schlosscafé Lottine bereit. Unten an der Weser kann man auch einen Ausflugsdampfer besteigen oder ein Stück auf dem Weserradweg fahren.
Meinbrexener Str. 2,
Tel. +49 (0)5271 4010,
Öffnungszeiten Museum:
27. März–4. Nov.: Di–So 10–17 Uhr;
7. Jan–26. März und 5. Nov.–22. Dez: nur Sa, So 10–17 Uhr,
Café Di–So 10–18 Uhr,
www.fuerstenberg-porzellan.com

Für Genießer

Flussnah: Weserberg-Terrassen
Eine breite Vielfalt an Delikatessen wird gereicht.
Meinbrexener Str. 4
Tel. +49 (0)5271 49420
www.weserberg-terrasse.de
Hauptmenü 12–18 Euro

Touristeninformation

Meinbrexener Str. 2
37699 Fürstenberg
Tel. +49 (0)5271 694717
www.gemeinde-fuerstenberg.de

Die Dornröschen-Route
Zwischen Hann. Münden und Oberweser

Während die Frau-Holle-Route über Hessisch Lichtenau und Thüringen eine Schleife macht, führt diese Tour direkt zu Dornröschen. Der erste Ort auf dem Weg lautet Hann. Münden. Hier geben zwei Flüsse ihre Namen zugunsten der Weser ab. Die zauberhafte Altstadt von Hann. Münden betört mit rund 700 Fachwerkhäusern und Doktor Eisenbarth. Er kurierte die Menschen Anfang des 18. Jahrhunderts „auf seine Art".

Auch die Sababurg zählt zu den Stationen der Reise – dort soll Dornröschen gelebt haben. Verwunschen ist der Ort allemal und der Reinhardswald drumherum ein Idyll. Er lädt zu hervorragenden Wanderungen ein, Ausblicke auf die Weserschleifen gehören dazu. Der Rapunzelturm in Trendelburg ist eine weitere märchenhafte Station. Mit Schneewittchen in Oberweser geht es weiter.

Dornröschen wird wachgeküsst.

Hann. Münden
Bei Doktor Eisenbart

Die Drei-Flüsse-Stadt hält für den Tagesgast mindestens drei Höhepunkte bereit: eine kuriose Themenführung, den Aufstieg auf den rund vierzig Meter hohen Hagelturm in der Altstadt und – Schiff ahoi! – eine kurze Tour auf Weser oder Fulda.

Auf der Insel Tanzwerder unter der knorrigen, schattigen Kastanie ist er zu hören und zu sehen – einmal, zweimal, tausendmal – oh du süßer Kuss! Von rechts kommt die Fulda, von links die Werra. Hier entsteht die Weser und beginnt ihre 440 Kilometer lange Reise in die Nordsee. Besucher gehen von hier über die rot überdachte Fußgängerbrücke in eine Traumwelt aus Holz und Stein: 700-mal Fachwerkidyll in der Altstadt Hann. Mündens. Früher deutete „Hannoversch" auf das Kurfürstentum Hannover hin, zu dem der Ort gehörte. Seit 1990 ist Hann. Münden der offizielle Stadtname und spricht sich auch so, wie man ihn schreibt.

Hübsche Gassen – Bummeln durch die Altstadt.

Märchenhaftes

Doktorspiele

Es ist zwölf Uhr. Das Glöcklein am gotischen Rathaus schlägt und leiert das Spottlied von Doktor Eisenbarth herunter, der hier im 17. Jahrhundert seine Holzhammermethoden pflegte: „Kurier die Leut nach meiner Art!“ Bei den heutigen Aufführungen – Rundgänge können bei der Touristeninformation gebucht werden – zählen Hammer, Zange und Pistole zum Repertoire. Im Sommer wird Samstag mittags am Rathaus eine „Sprechstunde“ für alle Mutigen abgehalten. Der Grabstein des Wanderarztes Johann Andreas Eisenbarth, der übrigens ein falsches Geburtsjahr trägt, steht an der Nordseite der entweihten St.-Aegidien-Kirche in der Aegidienstraße.

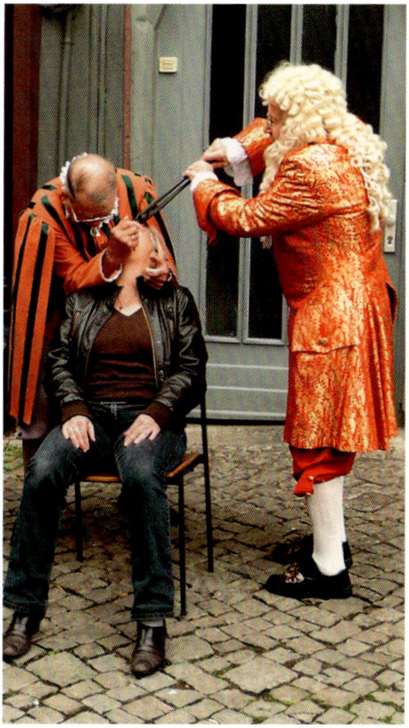

Doktor Eisenbarth zeigt seine Heilkunst öffentlich.

Über Nacht

Kreativ:
★★★★ *Biohotel Werratal*
Direkt an der Werra kann in modernen Nichtraucherzimmern übernachtet und am nächsten Morgen das umfangreiche Biofrühstück genossen werden.
Buschweg 40–42 (Laubach)
Tel. +49 (0)5541 9980
www.biohotel-werratal.de
DZ ab 42,50 Euro; Bio-Drei-Gang-Menü 20 Euro

Doktor Eisenbarth

Eigentlich ein versierter Arzt, zog Johann Andreas Eisenbarth (1663–1727) zur Barockzeit durch die Lande und lockte seine Kundschaft mit komödiantischen Sprüchen an. Augenleiden, Zahnschmerzen und Nierensteine beseitigte er ambulant bei seinen Eingriffen in einem mitgebrachten Zelt auf dem jeweiligen Marktplatz. Bezahlen musste der Patient vorher.

Sehenswertes

Rathaus und Altstadt

Wasser und Fachwerk – Freude für Klein und Groß.

Hier lebt die Weserrenaissance auf: Unten im Koph-Hus befand sich früher die Börse, darüber wurde gefeiert – im Hochtiedshus. Heute regiert von hier aus der Bürgermeister. Wichtiger für Gäste: die Touristeninformation im Hause. Die Rathaushalle zeigt Wandmalereien zur Stadtgeschichte. Die Fachwerkstadt sollte man unbedingt durchschlendern. Es gibt so viel zu entdecken – hier eine hübsche Fassade, da ein nettes Café, dort eine Ladenzeile.

Jährliche Feste

Kanu-Weser-Marathon
Eine Regatta für Paddel- und Ruderboote führt Ende April/Anfang Mai auf 135 Kilometern Strecke von Hann. Münden nach Hameln.

Sattelfest
Freie Fahrt für Radfahrer und Inliner auf der B80 und B3 an der Fulda: Das bunte Stadtfest wird Anfang Juni in der Innenstadt gefeiert.

Rosenfest
Unterhaltung auf drei Bühnen, verkaufsoffener Sonntag und „Münden is(s)t fantastisch" bieten Mitte Juni vielfältigen Genuss. Die Wahl von Rosenfee und Rosenelfen gehört dazu.

Bauernmarkt
Das Markttreiben präsentiert die regionale Vielfalt: vom Holzprodukt bis zur Puppe, vom Kartoffelpuffer bis zum Fisch und auch Federweißer und das Mündener Bier sind dabei. Eine Märchenerzählerin tritt auf.

Doktor-Eisenbarth-Spiele
Das Spektakel mit Theater, Musik, Gaukelei und kulinarischen Angeboten läuft im Sommer im historischen Packhof.

Hagelturm

Zusammen mit dem Museum der Arbeit ein Besuch wert.
Radbrunnenstraße, Tel. +49 (0)5541 908749, Öffnungszeiten: Mai–Okt.: Sa, So 12–17 Uhr; Erw. 2 Euro, Kinder 1 Euro

Weserrenaissance

Mit Weserrenaissance ist die eigentümliche Architektur entlang der Weser sowie östlich davon bis Wolfsburg und westlich bis Paderborn gemeint. Als typische Gebäude gelten das Rathaus von Hann. Münden sowie das Schloss Hämelschenburg bei Emmerthal und das Hochzeitshaus in Hameln. Reich gegliederte Schaufassaden, geschwungene Giebel nach italienischem Vorbild mit Pyramiden, Obelisken, Schmuckleisten mit Inschriften sowie Wappen, Masken und Standerker gehören dazu. Sie heißen Utluchten. Ihr Schwerpunkt lag im 16. Jahrhundert. Bis heute sind aus dieser Zeit zahlreiche stattliche Gebäude erhalten, meist Rat- und Bürgerhäuser sowie Adelssitze. Die Häuser oder die Fassaden sind oft aus Wesersandstein errichtet. Und zeugen vom Wohlstand des regionalen Adels und der Kaufleute sowie ihren Kontakten in den Mittelmeerraum.

Gaußturm

Der Gaußturm ist mit 51 Metern der höchste Ausguck, zu finden im nördlich gelegenen Dransfeld auf dem 508 Meter hohen Berg Hohen Hagen. Oben lockt ein Restaurant mit Blick zum Brocken (an klaren Tagen) und auf Schloss Wilhelmshöhe.
Zum Hohen Hagen 1, 37127 Dransfeld, Tel. +49 (0)5502 9996878, Mi–So 12–20 Uhr, www.gaussturmcafe.de

Vom Gaußturm aus ist der Rundumblick famos.

Tillyschanzenturm

Der Tillyschanzenturm, in etwa zwanzig Minuten von der Altstadt aus zu Fuß zu erreichen, bietet einen Panoramablick in den Reinhardswald und auf die Altstadt. In den Turmzimmern ist eine „Alterthümersammlung" zu besichtigen, Schlüssel und Tickets gibt es in der Waldgaststätte. Die Bratkartoffeln hier sind legendär.
Tel. +49 (0)5541 1890, Öffnungszeiten: Mai–Okt.: Di–So 10–20 Uhr; Nov.–April: Fr–So 11–20 Uhr; Eintritt Turm Erw. 1,10 Euro, Kinder 0,60 Euro, www.tillyschanze.de

Welfenschloss

1501 konnte Herzog Erich I. von Lüneburg-Braunschweig in den gotischen Rechteckbau einziehen. Das städtische Museum offenbart heute seine Schätze darin.
Schlossplatz 5, Tel. +49 (0)5541 75202, Öffnungszeiten: Mai–Okt.: Mi–So 11–16 Uhr; Nov.–April: Mi–So 13–16 Uhr; Erw. 2,50 Euro, Kinder ab 7 J. 1,80 Euro, Fam. 6 Euro

An der Weserquelle

Der Weserstein von 1899 erklärt die rauschende Vereinigung etwas schlicht folgendermaßen: „Wo Werra sich und Fulda küssen, Sie ihren Namen büssen müssen. Und hier entsteht durch diesen Kuss Deutsch bis zum Meer der Weser Fluss."

Im Kloster Bursfelde bekommen Gäste Konzerte, aber auch Stille und Übernachtung.

Weserstein
Der berühmte Gedenkstein am Ursprung der Weser befindet sich auf der Insel Tanzwerder. Er wurde 1899 eingeweiht und weist auf den Zusammenfluss von Werra und Fulda zur Weser hin. Kostenlos parken auf dem Parkplatz Tanzwerder und von dort in die Altstadt gehen.

Römerlager Hedemünden
Warum 200 Kilometer nördlich des Limes ein solches Lager entstand, erfährt man auf einer Führung.
Parkplatz Am Rischenbach in Hann. Münden-Hedemünden (Auskunft in der Touristeninformation), jeden 2. Sa im Monat 15 Uhr; Erw. 5 Euro, Kinder frei

Kloster Bursfelde
Zwanzig Kilometer nördlich der Stadt an der rechten Weserseite, die gut per Kanu zu erreichen ist, werden in der Benediktinerabtei Sommerkonzerte und Seminare geboten.
Klosterhof 5 (Bursfelde), Tel. +49 (0)5544 1688, www.kloster-bursfelde.de

Kultur und Erlebnis

Stadtführung
Mai–Sep.: tgl. 10/14 Uhr; Erw. 4,50 Euro, Kinder frei, So 14 Uhr Kostümführung, Erw. 6 Euro

Für Genießer

Fast göttlich: Café Aegidius
Am ehemaligen Altar, in der Sakristei oder im Kirchenschiff – hier schmecken das reichhaltige Frühstücksbüfett, kleine Speisen oder Kuchen himmlisch.
Aegidiiplatz
Tel. +49 (0)5541 98460
www.cafe-aegidius.de
Hauptgericht ab 10 Euro

Typisch deftig: Ratsbrauhaus
Im Gewölbekeller kann der Gast sich am großen Büfett bedienen (oder sich bedienen lassen) und dazu das selbstgebraute Bier probieren.
Marktplatz 3
Tel. +49 (0)5541 957107
www.ratsbrauhaus.de
Hauptgericht 15 Euro

Originell: Die Reblaus
Deutsche Küche, italienisch verfeinert, bietet neben preiswerten Mittagsmenüs auch für Kinder eine große Auswahl.
Ziegelstr. 32
Tel. +49 (0)5541 954610
www.die-reblaus.com
Hauptgericht 11–22 Euro

Touristeninformation

Lotzestr. 2, 34346 Hann. Münden
Tel. +49 (0)5541 75313
www.hann.muenden-tourismus.de

Immenhausen
Die Bibeltreuen

Ein mutiger Reformator, eine lange verschollene Gutenbergbibel und seltene Wandmalereien verleihen dem Ort neben der Vielzahl von Sagen ein ganz besonderes Flair.

Die Gutenbergbibel

Auf dem Dachboden des Pfarrhauses lag bis 1958 rund hundert Jahre lang unentdeckt die berühmte Immenhäuser Gutenbergbibel. 1530 war das gute Stück mit den blau-roten Initialen und dem original Ledereinband des 15. Jahrhunderts nach Immenhausen gelangt. Es stammt aus einer Mainzer Buchbinderwerkstatt. Auf den hinteren Seiten ist sogar vom Wirken des örtlichen Reformators Bartholomäus Riseberg aus Immenhausen zu lesen. Die Bibel wurde dann zur Universitätsbibliothek Kassel gebracht, wo sie sich heute noch befindet.

Märchenhaftes

Märchenlandweg

Der Ort liegt wie 28 weitere Gemeinden rund um Kassel auf dem 350 Kilometer langen Wanderweg. Von mehr als zehn Immenhäuser Sagen wie *Die weiße Frau auf dem Ahlberg* ist an Stationen im und um den Ort herum am Märchenlandweg zu erfahren.

Dem Luther-Schüler Bartholomäus Riseberg setzte der Ort dieses Denkmal.

Holzhäuser Heidelbeermärchen
Zu den Märchen, die hier ihren Ursprung haben, gehören das *Holzhäuser Heidelbeermärchen,* das an die Tradition des Heidelbeerpflückens in der Region erinnert, sowie *Hans im Glück* der Brüder Grimm. Auch *Die Sage vom Reinhardswald* wird hier gern weitererzählt.

Jährliche Feste

Heidelbeerfest
Es belebt die Tradition des Pflückens dieser Frucht in Holzhausen Ende Juli.

Holzhausen – hier ein Blick auf die bewachsene Kirche – steht für die Tradition der Heidelbeere.

Sehenswertes

Stadtkirche St. Georg

Viele gut erhaltene Wandmalereien, prächtige Chor- und Achsenfenster sowie das Chorgestühl aus dem 15. Jahrhundert zeichnen die Kirche von 1409 aus. Ein Denkmal des Reformators Bartholomäus Riseberg (1492–1566), Schüler Martin Luthers, steht vor der Kirche.

Neue Straße, Tel. +49 (0)5673 4275, Öffnungszeiten:, April–Sept.: Sa, So 14–17 Uhr; Führungen auf Anfrage, Schlüssel beim Pfarramt, Kampweg 17, www.evkim.de

Hufeisenturm

Von oben bietet sich ein guter Blick, unten geht es in ein nachgebautes Verlies.

Lohweg 53, Tel. +49 (0)5673 2264

Kultur und Erlebnis

Glasmuseum

Die Tradition dieses Handwerks vom Mittelalter bis heute wird hier lebendig.

Am Bahnhof 3, Tel. +49 (0)5673 2060, Öffnungszeiten: Di–Do 10–17 Uhr; Fr–So 13–17 Uhr; Erw. 3,50 Euro, Kinder 2,50 Euro, Fam. 8 Euro

Wander- und Spazierwege

Rund um den Ahlberg lässt sich die Siedlungsgeschichte auf dem Eco Pfad auf 4,5 Kilometer erkunden. Auf dem zwei Kilometer langen historischen Dorfspaziergang können die Besonderheiten der

Für Genießer und über Nacht

Italien trifft Schnitzel: Il Conte
Neben 25 verschiedenen Pizzen, Nudel- und Fleischgerichten gibt es auch eine eigene Schnitzelkarte.
Mittelstr. 16 a
Tel. +49 (0)5673 913706
www.ilconte.de
Hauptgericht 5–14 Euro

Traditionell:
Zum Alten Forsthaus
Rustikal geht es zu, die Küche ist bodenständig, die Zimmer sind im alten Stil geschmackvoll eingerichtet.
Kasseler Str. 20
Tel. +49 (0)5673 1236
www.zumaltenforsthaus.de
DZ ab 70 Euro;
Hauptgericht 12–18 Euro

Mittendrin: Langer's Restaurant und Hotel im Ratskeller
Das Restaurant bietet regionale Küche mit viel Fleisch, aber auch Fisch. Die Hotelzimmer sind funktional eingerichtet.
Marktplatz 1
Tel. +49 (0)5673 929319
www.ratskeller-immenhausen.net
DZ ab 60 Euro;
Hauptgericht 9–16 Euro

ehemaligen Hugenotten und der Waldenserkolonie Mariendorf aufgespürt werden. Eine Broschüre dazu liegt im Glasmuseum bereit.

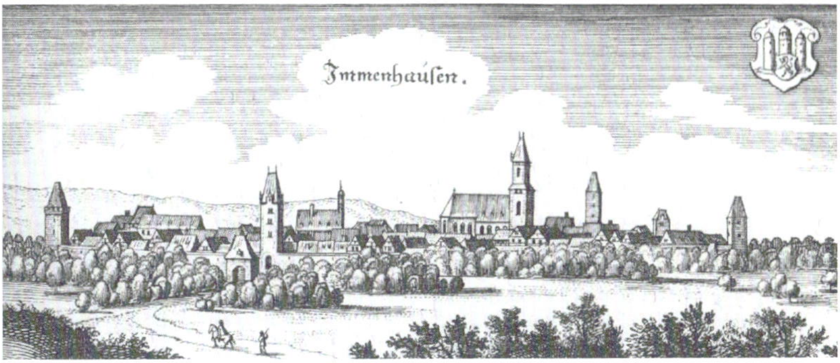

Wandmalereien schmücken die St.-Georg-Kirche in Immenhausen, das schon früher von Türmen beherrscht war.

Touristeninformation

Marktplatz 1
34376 Immenhausen
Tel. +49 (0)5673 5030
www.immenhausen.de

Hofgeismar Wo Dornröschen wohnt

Die Sababurg als Dornröschenschloss ist neben dem benachbarten Tierpark und dem ältesten Naturschutzgebiet Hessens eines der großen Ziele auf der Märchenstraße.

Märchenhaftes

Sababurg

Es summt und duftet. Weiße, kleine Blüten mit goldfarbenen Staubgefäßen sind der Anlass. Hummeln schlürfen gierig Nektar in der mehr als zwölf Meter hohen Rosenart *Rosa filipes* der Sorte „Kiftsgate" am Ostturm der Ruine des „Dornröschenschlosses" Sababurg. Wer sich jetzt umblickt, erkennt den wilden Efeu, der das vom Mainzer Erzbischof 1334 errichtete,

Schon früh mit Dornröschen in Verbindung gebracht – die Sababurg.

aber schon hundert Jahre später verfallene Gemäuer überzieht wie ein riesiges Tarnnetz. Wohnte hier im Reinhardswald Dornröschen? Die Einheimischen sind sich da ganz sicher. Die dichte Dornenhecke unterhalb der Burg auf dem Basaltkegel brachte das Haus schon früh in Verbindung mit dem Märchen. Außen sind Burggarten, Rosensammlung (Blüte von Ende Mai bis Mitte Juli), der Märchenrundgang und ein Brüder-Grimm-Denkmal zu entdecken. Der Dornröschenturm lässt sich besteigen. Es gibt Märchen- und Sagenaudienzen.

Im Reinhardswald,
Tel. +49 (0)5671 8080,
Öffnungszeiten: Außenbesichtigung:
März–Okt.: tgl. 10–17 Uhr;
Erw. 2,50 Euro, Kinder bis 15 J. 1,50 Euro,
Geschichts- und Märchenführung:
April–Okt.: Mi 14.30 Uhr;
So 11/14.30 Uhr ab Burggarten;
pro Person 3,50 Euro,
Garten- und Pflanzenführung:
April–Okt.: jeden 3. Fr 14.30 Uhr,
Abendführung zur Geschichte:
Nov.–März: Sa 17.30 Uhr,
www.sababurg.de

Sehenswertes

Altstadt

Ein Bummel durch Hofgeismar führt am Rathaus vorbei, am Stadtmuseum (Petriplatz 2), am Apothekenmuseum (Steinernes Haus von 1239, Apothekenstr. 5) und der Altstädter Kirche (mit Hofgeismarer Altar von 1310) – ein hübscher Rundgang.

Für Genießer und über Nacht

Tierisch gut:
Dornröschenschloss Sababurg
Dieses Hotel mit Speise- und Kaffeeschenke und Abendrestaurant amüsiert seine kleinen und großen Besucher mit seinen Zimmernamen – wie „Im Weißen Hisch" oder „In der wilden Sau". Der Märchenkoch serviert hessische Gerichte. Für Kinder gibt es alle Hauptgerichte etwas kleiner, und sogar Kochkurse mit Dornröschens Küchenmeister lassen sich buchen.
Im Reinhardswald
Tel. +49 (0)5671 8080
www.sababurg.de
DZ ab 130 Euro;
Hauptgericht 12–25 Euro

Preiswert: Hans im Glück
Hier kocht der Märchenkoch eher bodenständig, die Zimmer sind rustikal.
Vor dem Schöneberger Tor 12
Tel. +49 (0)5671 775
www.hotel-hans-im-glueck.de
DZ 70 Euro;
Hauptgericht 9–14 Euro

Stadtmuseum

Mit 14 bedeutenden Abteilungen und Sammlungen zur Geschichte, Volks- und Naturkunde ist es einen Besuch wert.

Petriplatz 2, Tel. +49 (0)5671 4791, Öffnungszeiten: Mo, Di, Do 10–12 Uhr; Mi 15–18 Uhr; Fr 17–19 Uhr; So 11–13/15–18 Uhr, www.museum-hofgeismar.de

Gesundbrunnen Schlösschen Schönburg

Bis 1866 war dies ein Kurort mit prächtiger Badeanlage, an dem sich der hessische Hof mit Gästen aus dem In- und Ausland vergnügte. Die ehemaligen Badeanlagen sind aber immer noch ein „Gesundbrunnen" und jedermann zugänglich. Im Park steht das Schlösschen Schönburg. Bis 1795 hieß es „Mon Cheri" und war Wohnsitz des Landgrafen. Heute hat die Akademie der evangelischen Kirche hier ihren Sitz.

Gesundbrunnen 11

Kultur und Erlebnis

Urwald Sababurg

Meterhohe Adlerfarne, seltene Hirschkäfer und 1.000 Jahre alte Eichen zieren das älteste hessische Naturschutzgebiet. Westlich der Sababurg öffnet sich der 92 Hektar große Urwald.

Spaß für Kinder – die alten Eichen im Urwald.

SabaBurgTheater

Neben Theater für Kinder und Erwachsene stehen auch Lesungen und Konzerte auf dem Programm. Gespielt wird im mittelalterlichen Gewölbekeller oder in der Ruine des Palas. Von Ostern bis Oktober gibt es 30-minütige Sonntagsmatineen mit Dornröschenreigen, der Eintritt kostet 6 Euro pro Person.
www.sababurgtheater.de

Für Kinder

Tierpark Sababurg

Die Bären mit Zorromaske haben erst neulich ein neues Zuhause gefunden. Das Waschbärengehege ist nur ein kleiner Teil der 1571 gegründeten, ältesten zoologischen Anlage Europas. 700 Tiere, vom Wisent über Wölfe und Hirsche bis zu Wildschweinen, sind hier in fast freier Wildbahn auf 130 Hektar zu erleben. Bei Kindern besonders beliebt sind die Streicheltiere und eine Greifvogelstation.
Sababurg 1, Tel. +49 (0)5671 7664990, Öffnungszeiten: Jan./Feb.: 10–16 Uhr; März: 9–17 Uhr; April–Sept.: 8–19 Uhr; Erw. 6 Euro, Kinder bis 15 J. 3,50 Euro, Fam. 17 Euro, www.tierpark-sababurg.de

Im Tierpark – ältester Zoo Europas.

Touristeninformation i

Markt 1, 34369 Hofgeismar
Tel. +49 (0)5671 999000
www.hofgeismar.de und
www.reinhardswald.de

Trendelburg Mit den Haaren Rapunzels

Am naturnahen Fluss Diemel entlangwandern oder in den Reinhardswald abbiegen – Trendelburg setzt auf Natur und Kunst. Die Ateliers sind zahlreich, hier wird Kunst gezeigt. Die Altstadt mit dreigeschossigem Rathaus (auf Sonnenuhr und Elle achten) und evangelischer Pfarrkirche sowie das Museum Diemelmühle sollte man beim Besuch nicht verpassen.

Märchenhaftes

Burg Trendelburg

Mit dem Rapunzelturm macht die auf einem Sandsteinfelsen erbaute Burganlage schon seit 1303 viel her. Hier könnte das Märchen *Rapunzel* der Brüder Grimm gespielt haben. Schon dem Heinz-Erhardt-Film *Vater, Mutter und neun Kinder* von 1958 diente der Fachwerkaufsatz des Rundturms als fröhliche Kulisse. Der Burghof ist zugänglich, der Bergfried auch bald.

In der Burg wird ein Märchendinner serviert.

Für Brautleute ist dies ein romantischer Ort. Viele kommen auch zum Speisen und Übernachten ins Burghotel (siehe Über Nacht). Rundgänge durch die Burg dauern eine Stunde.
Steinweg 1, Tel. +49 (0)5675 749918

Der Rapunzelturm ist sagenhaft und schön.

Rapunzels Schicksal

„Rapunzel, Rapunzel, lass dein Haar herunter!" ist das bekannteste Zitat aus dem Märchen, in dem Rapunzels schwangere Mutter ihren Appetit auf Rapunzeln oder Rucola (also Salat) nicht zu zügeln weiß. Ihr Mann kann nicht genug herbeischaffen. Eine Zauberin hilft ihm, fordert aber das Kind als Lohn. Sie sperrt es, als es zwölf Jahre alt ist, in einen türlosen Turm. Nur wenn Rapunzel ihre Haare herunterlässt, kann die Zauberin hinauf und ihr Essen bringen. Ein Königssohn – durch Rapunzels Gesang angezogen – imitiert die Bitte, das Haar herunterzulassen, und gelangt zu ihr. Die Zauberin erfährt davon, schneidet ihr die Haare ab und lässt den Prinzen das nächste Mal am Zopf heraufklettern. Sie verhöhnt ihn, sodass er vom Turm springt und in den Dornen sein Augenlicht verliert. Er irrt umher und gelangt zufällig in Rapunzels Gefängnis. Ihre Tränen heilen seine Erblindung und sie leben glücklich in seinem Königreich.

Sehenswertes

Ritualbad

Während der Öffnungszeit der Touristeninformation

im Haus kann man in die beiden Gewölbekeller hinabsteigen. So sah es im Mittelalter aus. Erst beim Umbau wurde das Ritualbad Mikwe der einstigen jüdischen Gemeinde wiederentdeckt, die 300 Jahre bestand. Ein quadratisches Tauchbecken hat man mit Regenwasser gespeist.

Am Brunnen 6

Über Nacht

Mit Märchendinner:
★★★★ Hotel Burg Trendelburg
Die Zimmer, mal mit Geheimtür zum Bad, mal mit Himmelbett, verzaubern den Gast. Das Burgherrenfrühstück ist märchenhaft gut. Die Wellnessoase im Wehrturm lockt mit Sonnenterrasse auf der Festungsmauer und Ausblick durch Schießscharten ins Diemeltal.
Steinweg 1
Tel. +49 (0)5675 9090
www.burg-hotel-trendelburg.com
DZ ab 145 Euro

Kleiner Luxus:
Herrenhaus Wülmersen
In einem klassizistischen Herrenhaus kurz vor dem Wasserschloss Wülmersen stehen zwei komfortable Ferienwohnungen zur Verfügung.
Am Wasserschloss Wülmersen
Tel. +49 (0)40 86654050
www.herrenhaus-wuelmersen.de
Whg. für 4 Pers. ab 120 Euro/ erster Tag, Folgetage 80 Euro

Mit Animation:
Hofgut Stammen
Hier kann im Heu oder in der Ferienwohnung übernachtet werden. Wer mag, nimmt an geführten Radtouren teil oder lernt unter Anleitung Bogenschießen und Specksteinbearbeitung.
Schlossstr. 29
Tel. +49 (0)5675 725094
www.hofgut.de
Übernacht. im Heu Erw. 9 Euro, Kinder 6 Euro,
Whg. für 6 Pers. 50 Euro pro Tag zzgl. Endreinigung

Die fünf Sagen

Fünf Sagen spielen auf der Trendelburg: Trendula lässt Berge entstehen, Tod in der Mordkammer, eine Weissagung, Entstehung des Wolkenborsts *und* Der Zauberer vom Krukenberg.

Kultur und Erlebnis

Bildhauerwerkstatt und Künstlertenne

Karl F. Hofeditz bei der Arbeit zuschauen – und im Café einkehren.

Oberer Weg 23, 34388 Trendelburg-Sielen
Tel. +49 (0)5675 1514, www.cafekarlf.de

Kultur und Kunst säen und sehen

Eine Gruppe von Künstlern und Kunstinteressierten organisieren diverse Veranstaltungen in Trendelburg: offene Ateliers, Brückenfest im Mai, Fête de la Musique im Juni.
www.kunst-saehen.de

Touristeninformation

Am Brunnen 6
34388 Trendelburg
Tel. +49 (0)5675 749918
www.trendelburg.de

Schöner wohnen – im Gästehaus der Trendelburg.

Oberweser
Von Miniaturen und Schiffen

Hübsch gelegen an der Weser, widmet sich der Ort den Grimm'schen Märchen *Der gestiefelte Kater* (im Ortsteil Oedelsheim) sowie *Schneewittchen* (in Gieselwerder). Dort stand seit 1100 eine Wasserburg, von der aus der Weserübergang gesichert wurde. Spannend ist die Geschichte der Waldenser. Das waren französische Gläubige, die hier aufgenommen wurden.

Gedicht zum Wasserwunder

Beim Wandern durch den Reinhardswald
macht man an einem Bächlein halt.
Ein Wunder nimmt hier seinen Lauf,
es fließt tatsächlich das „Wasser bergauf …"

Oberweser steht Pate für das Märchen Schneewittchen.

Märchenhaftes

Schneewittchenstele

Sie erinnert vor dem Rathaus von Gieselwerder an das Märchen. Der Hofgeismarer Bildhauer Wienhold Gernemann schuf die abstrakte Skulptur. Dass Schneewittchen und die sieben Zwerge hier wohnten, wurde im Jahr 2009 „bewiesen": Da fand man im Haus Kleiner Schneider im Weberei-Museum Kircher sieben uralte Zipfelmützen und Scherben von zerbrochenen Tellerchen. Auf jeden Fall ist Oberweser „Pate" für das Märchen.

Brückenstr. 1

Gestiefelter Kater

Mannshoch und mit Wanderstock grüßt der aus Holz geschnitzte *Gestiefelte Kater* nahe dem Dorfmuseum die Wanderer.

Parkplatz Göttinger Straße / Goldene Aue

Froschbrunnen

An der alten Schmiede sprudelt der Brunnen.

Ahornweg in Arenborn

Bergauf fließendes Wasser

An der Straße nach Gottsbüren scheint ein Bach bergauf zu fließen, leider ist dies nur eine optische Täuschung.

Jährliche Feste

Weserbeleuchtung
In Gieselwerder werden am dritten Sonnabend im Juli 1.000 Lichter auf der Weser ausgesetzt, Lampionboote kreuzen, und zum Abschluss brennt ein Feuerwerk ab.

Dorffest Gieselwerder
Am ersten Sonntag im August werden traditionelle Speisen und Produkte angeboten. Schneewittchen kommt mit den sieben Zwergen. Hänsel und Gretel, der gestiefelte Kater und das tapfere Schneiderlein sind auch dabei.

Backhausfest
Es erinnert an die Waldenser, und zu diesem Anlass wird im Backhaus Gottstreu am ersten Wochenende im August gebacken.

Dem Zeitgeist angepasst

Wie die Märchen im Laufe der Zeit umgeschrieben wurden, lässt sich beim Vergleich einiger Texte der Grimm'schen Kinder- und Hausmärchen in der ersten Ausgabe von 1812/15 (Band 1+2) mit der von 1857 erkennen. Man hat sie teilweise verniedlicht und mit christlicher Moral unterfüttert.
Um dem zeitgemäßen Geschmack des vorwiegend bürgerlichen Publikums und den üblichen Gesellschaftsbildern entgegenzukommen, wandelten sich immer wieder die Details. So ist bei Hänsel und Gretel aus der Mutter eine Stiefmutter geworden, denn ihr Verhalten, die Kinder zu verstoßen, war mit dem Mutterbild des Bürgertums nicht zu vereinbaren.

Bürgerliche Moralistik
Ursprünglich waren die Märchen für Erwachsene aufgeschrieben worden. So stand am Ende der Grimm'schen Ausgabe von 1812/15 der Hinweis, diese Texte seien für Wissenschaftler verfasst. Jacob Grimm nutzte sie als Quelle seiner germanistischen Forschungen. Wilhelm Grimm hingegen baute fortwährend Änderungen ein und folgte der Tradition der Aufklärung. Aus dem Erziehungsbuch für Eltern wurde in der Ausgabe von 1819 eher eines mit Kinder- und Hausmärchen, wie der Titel schon von Anfang an lautete. Hierbei wurden direkte sexuelle Anspielungen und Bezüge verändert oder weggelassen. Dagegen war der unbedingte Gehorsam gegenüber Eltern und anderen Erwachsenen typisch für die Zeit. Bei Ungehorsam drohten schwerste Strafen. Kinder haben in den Büchern generell ein schweres Dasein. Hilfe kommt nur in Form von Feen, Zauberern und anderen Wesen, wenn überhaupt. Jetzt waren zahlreiche Redensarten und bildhafte Formeln in die Texte eingezogen. Und Illustrationen, die

der jüngere Bruder Ludwig Emil beisteuerte, führten schnell zum großen Erfolg der *Kleinen Ausgabe* mit fünfzig Texten. Der zu seiner Zeit bekannte Maler und Radierer lieferte sieben Zeichnungen zu den Kinder- und Hausmärchen. Diese Ausgabe trug wesentlich zum Erfolg und zur Verbreitung der Sammlung bei und überholte die zwei Bände umfassende *Große Ausgabe* schnell in der Anzahl und Höhe der Auflagen.

Rotkäppchens Emanzipation

Die Bestsellerautorin Cornelia Funke hat einige der Märchen in die heutige Zeit übertragen und kommt in ihrem 2010 erschienenen *Reckless*-Buch *Steinernes Fleisch* zu ganz anderen Charakteren. Das als „dumm und eitel" dargestellte Rotkäppchen ist bei der Schriftstellerin eine kluge Frau geworden, die sich von drei anderen Frauen retten lässt, aber keinesfalls vom Jäger. Das Frauenbild habe sich schließlich von diesen in Grimm'schen Märchen „sehr wartenden, sehr seufzenden und sehr nichts tuenden Frauen", wie Funke es beschreibt, Gott sei Dank entfernt. Im 19. Jahrhundert galt Schweigsamkeit bei Frauen als besondere Tugend. Frauen sollten keinen eigenen Willen haben und wurden als schutzbedürftig dargestellt.

Rotkäppchen im Bett mit dem bösen Wolf – die Darstellungen änderten sich in den Jahrhunderten.

Bei *Rotkäppchen* lässt sich ablesen, dass die Märchen schon vor der Grimm'schen Zeit ein Vorleben hatten. In der Version aus dem 16. Jahrhundert traf Rotkäppchen im Wald auf einen Werwolf. Das junge Mädchen rettete sich aus eigener Kraft, den Werwolf erledigten einige Wäscherinnen am Fluss. Nachher aß Rotkäppchen die gekochte Großmutter.

Fähre nach Gottstreu

Die Gierseilfähre bringt Radfahrer und Wanderer von Oedelsheim auf die andere Weserseite.

Betrieb: Fr–So 10–18 Uhr

Sehenswertes

Freilichtmuseum Mühlenplatz

Miniaturnachbauten von alten Gebäuden sind zu sehen.

Mühlenplatz 10, Tel. +49 (0)5572 1510

Öffnungszeiten: April–Sept.: tgl. 10–18 Uhr; Okt.: 10–17 Uhr; Erw. 2 Euro, Kinder bis 14 J. 1 Euro, www.muehlenplatz-gieselwerder.de

Für Genießer und über Nacht

Erwanderbar mit guter Küche:
★★★Gasthaus Zum Lindenwirt
Das Haus bietet Zimmer mit modernen Bädern, eine gemütliche Sauna und Extraangebote für Radler. Dreißig Fahrräder stehen zum Verleih bereit.
Weißehütte 14
34399 Oberweser-Weißehütte
Tel. +49 (0)5574 402
www.gasthauszumlindenwirt.de
DZ ab 60 Euro
Hauptgericht 20 Euro

Waldensermuseum und -kirche

Die Gruppe religiöser Wanderprediger, die sich im 12. Jahrhundert in Südfrankreich formierte, war im Mittelalter Ziel der Inquisition der katholischen Kirche. Landgraf Karl von Hessen-Kassel gründete für die vertriebenen Waldenser 1722 die Orte Gewissenruh und Gottstreu, die heute zu Oberweser gehören. Das Museum in der Alten Schule und die Kirche in Gottstreu erinnern daran.

Waldenser Str. 1, Tel. +49 (0)5544 912159, Öffnungszeiten: Mai–Sept.: So 15–17 Uhr; Eintritt frei, www.waldenser-oberweser.de

Der Lumbach treibt die Miniaturwassermühle im Freilichtmuseum an. Sechzig Modelle sind zu sehen.

Kultur und Erlebnis

Weberei-Museum Kircher

Vier Generationen Schneider lebten in diesem historischen Weser-Diemelhaus mit großer Diele für die Pferdefuhrwerke. Heute sind hier Spinn- und Webgeräte aus aller Welt zu sehen, auch eine große Stoffsammlung und Wandbehänge lassen sich bewundern. Hier wurden die Zipfelmützen der sieben Zwerge gefunden.
Haus Kleiner Schneider, Steinweg 2, Tel. +49 (0)5572 4448, www.weberei-museum-kircher.de

Was Weserschiffer an Bord hatten, zeigt das Museum.

Schiffermuseum

Was die Weser so alles an Kähnen und Gütern aufnimmt, ist hier zu erfahren. Sogar ein Steuerhaus kann man betreten. Sehr zu empfehlen!
In der Klappe 11, Tel. +49 (0)5572 500, Öffnungszeiten: Mai–Sept.: So 14–17 Uhr; Eintritt frei

Touristeninformation

Brückenstr. 1
34399 Oberweser-Gieselwerder
Tel. +49 (0)5572 937310
www.oberweser.de

Rattenfänger und Stadtmusikanten Zwischen Polle und Bremerhaven

Dieser Abschnitt setzt einen wunderbaren Schlussakkord. Durch das wellige Weserbergland geht es zunächst nach Bodenwerder. Dort lebte Baron von Münchhausen, der sich durch seine Lügengeschichten einen Namen machte. Doch was er wirklich für ein Mensch war, beleuchtet ein Exkurs.

Der Rattenfänger von Hameln, Baron von Münchhausen, die Bremer Stadtmusikanten und der Wettlauf zwischen Hase und Igel (von links oben im Uhrzeigersinn).

In Hameln spielt die Sage, die rund eine Milliarde Menschen auf der Welt kennen, weil sie so verbreitet ist – die des Rattenfängers von Hameln. Die Stadt selbst ist ein Traum, gegossen in alten, verzierten Häusern. Mit der Weserpromenade ergibt sich hier ein liebliches Ensemble. Der Freizeitwert ist ohnehin groß, mit Kanu oder Floß fahren auf der Weser, wandern zur Kirschblüte oder Märchen lauschen im Wesersagenmuseum von Bad Oeynhausen. Die Kurstadt hat auch einen Hochseilgarten. Über Nienburg mit seinen Kuriositäten und dem Spargelanbau erreicht der Reisende dann Bremen. Die Stadtmusikanten warten schon – als Skulptur vor dem 600 Jahre alten Rathaus. Die Stadt ist quirlig, voller Kulturveranstaltungen und hat unterhaltsame Orte für Kinder zu bieten – wie das „Universum" oder das Überseemuseum. Richtig spannend wird es für die ganze Familie im Bremerhavener Klimahaus sowie im Auswandererhaus. Beide Einrichtungen sind mehrfach ausgezeichnet worden, weil sie Wissen anschaulich vermitteln. Ein Abstecher nach Buxtehude zu „Hase und Igel" lässt auch dort die Reise auf der Deutschen Märchenstraße erlebnisreich enden.

Polle
Im Namen der Burg

Am Anleger für die Weserschiffe beginnt der kleine Bummel durch Polle. Imposant ist die Burgruine über dem Ort, der Pate steht für das Märchen *Aschenputtel.*

Märchenhaftes

Burgruine Polle

Seit dem Dreißigjährigen Krieg steht die einst stolze Eversteiner Burg von 1285 in Polle nur noch als Ruine. Sie zu besichtigen lohnt sich dennoch, denn allein schon der Blick auf die Weserschleife ist grandios. Da Aschenputtel die Werbefigur für Polle ist, wird das Märchen von Mai bis September an jedem dritten Sonntag im Monat um 14.15 Uhr in der Burgruine aufgeführt.

Der Ausblick von der Burgruine ist großartig.

Köterberg

Die Brüder Grimm nannten den 496 Meter hohen Berg des Lipper Berglandes auch Götzenberg. Hier sollen die Götter der Heiden angebetet worden sein. Wilhelm Grimm hat den Berg – wo auch das Märchen *Die drei Vögelchen spielt* – angeblich 1813 bestiegen. Im Volksmund heißt er „Monte Bello". Auf dem Gipfel steht ein hundert Meter hoher Fernmeldeturm. Die Aussicht ist bestens und reicht bis zum Brocken im Harz oder zum Hermannsdenkmal im Teutoburger Wald.

Jährliche Feste

Poller Kürbismarkt
Im Oktober geht es lustig zu oben auf der Burgruine: An geschmückten Ständen werden Kürbisgerichte zubereitet und bei den Meisterschaften der schwerste Kürbis gekürt. Besucher aus dem In- und Ausland kommen und genießen die Atmosphäre der Burganlage. Kaffee und Kuchen werden gereicht. Die Laienspielgruppe amüsiert mit ihren Auftritten.

Kirschblütenfest
Wenn im April die Kirschbäume blühen, feiert Bevern in der Rühler Schweiz sein großes Fest.

Kultur und Erlebnis

Weserfahrt

Auskünfte und Fahrpläne unter Tel. +49 (0)5151 939999, www.flotte-weser.de

Auf dem „Monte Bello" spielt ein Märchen.

Wandertipp

Die zehn Kilometer von der Burg Polle über Eckberg und Brevörde zur Steinmühle sind in 2,5 Stunden zu erwandern, zurück fährt ein Bus.

Touristeninformation

Amtsstr. 4 a
37647 Polle
Tel. +49 (0)5535 411
www.muenchhausenland.de

Bodenwerder Münchhausens Heimat

Mit Vögeln aus dem Wasser oder mit halbem Pferd – für Münchhausen kein Problem (rechts vor dem Münchhausen-Museum).

Wie man mit dem Titel „Lügenbaron" Weltruhm erlangt, lässt sich in Bodenwerder nachvollziehen. Die Stadt, deren Name auf Ritter Bodo von Homburg zurückgeht, ist eng verbunden mit Carl Friedrich Hieronymus von Münchhausen (1720–1797), denn er wurde hier geboren und verbrachte in Bodenwerder einen Großteil seines Lebens. Seine Abenteuer- und Jagdgeschichten sind in viele Sprachen übersetzt worden; hier sind die Stationen seines Lebens nachgezeichnet und die Exponate aus seinem persönlichen Besitz zu sehen. Wer durch die schmucke Stadt am Weserbogen schlendert, findet allenthalben Hinweise auf den Baron. Die Weserpromenade, historisches Fachwerk und Relikte einer Wehranlage aus dem 13. Jahrhundert verdienen ebenso Aufmerksamkeit. Nicht fern liegt das Weserrenaissanceschloss Bevern, in dem vielbeachtete Konzerte und Freiluftveranstaltungen über die Bühne gehen. Die Höhenzüge der Umgebung laden ein zu Mountainbiketouren und Wanderungen mit herrlichen Ausblicken.

Märchenhaftes

Straßenfeste und Musical

Im Sommer sind viele Darbietungen zu Münchhausen zu erleben – Theater, Musik und Stadtführungen. „Münchhausen – das Musical" läuft von Mai bis September am zweiten und vierten Sonntag um 15 Uhr vor der Stadtkirche St. Nikolai. Eine Laienspielschar tritt von Mai bis Oktober an jedem ersten Sonntag um 15 Uhr vor dem Rathaus zum Münchhausenspiel auf. Schon um 14 Uhr beginnt die musikalische Einleitung. Einmal jährlich verleiht die Stadt den Münchhausenpreis, den 2011 der „Kabarett-Arzt" Dr. Eckart von Hirschhausen erhielt.

Münchhausen-Museum

Der frühere Gutshof Münchhausens besteht aus dem Herrenhaus (das heutige Rathaus), dem Nebengebäude und der Schulenburg. Sie beherbergt das Museum, in dem viele persönliche Erinnerungsstücke des Barons zu bewundern sind. Das Buch, das ihn unsterblich machte, wurde in dreißig Sprachen übersetzt. Illustrationen aus zwei Jahrhunderten sind hier ausgestellt. Am Münchhausenplatz steht auch der Halb-Pferd-Brunnen.
Münchhausenplatz 1, Tel. +49 (0)5533 40541, Öffnungszeiten: April–Okt.: Mo–So 10–17 Uhr; Nov.–März nach Vereinbarung; Erw. 2,50 Euro, Kinder bis 14. J. 2 Euro, www.muenchhausenland.de

Jährliche Feste

Felgenfest
(autofreier Erlebnistag)
Auf abgesperrten Strecken sind Ende Mai Zehntausende Radfahrer und Inlineskater zwischen Bodenwerder und Rinteln unterwegs.

Die Weser brennt
Ein musikalisches Höhenfeuerwerk – das größte Norddeutschlands – ist Mitte August zu hören und zu sehen.

Pflastermalerwettbewerb
Die schönsten Bilder entstehen Ende September in der Innenstadt.

Wer war Baron von Münchhausen? Lustige Erzählungen in vornehmer Runde

So sagenhaft seine Geschichten klingen, so sehr zeigt sich ein anderes Bild von dem Mann, der 47 Jahre seines Lebens in Bodenwerder an der Weser verbrachte. Carl Friedrich Hieronymus von Münchhausen – so lautete sein voller Name – kam auf dem Gut seines Vaters am 11. Mai 1720 zur Welt. Das niedersächsische Adelsgeschlecht lässt sich bis ins 12. Jahrhundert zurückverfolgen.

Karikatur von 1766 – Münchhausen als amüsanter Unterhalter.

Ritt auf der Kanonenkugel

Nach einem zweijährigen Dienst als Page im Schloss Bevern diente Münchhausen Herzog Ferdinand Albrecht II. in Wolfenbüttel. Mit 17 Jahren ging er mit dessen zweitem Sohn Anton Ulrich nach Russland, wo er von St. Petersburg aus an einem Feldzug gegen die Türken teilnahm. Die Lügengeschichte vom „Ritt auf der Kanonenkugel" stammt vermutlich aus diesem Kriegserleben. Sein Dienstherr heiratete in die Zarenfamilie ein und entließ seinen deutschen Pagen. Er gab ihm drei Pferde und zwei Pistolen mit auf den Weg. Münchhausen diente dann in Riga. Er hatte Sophie Auguste Friederike zu beschützen, die spätere

Katharina die Große. Münchhausen lernte auf einem Landgut Jacobine von Dunten aus dem livländischen Adel kennen und heiratete sie. Doch bald kehrte er mit ihr nach Bodenwerder zurück, um sein Gut zu verwalten. Ab 1751 lebte er hier als Landedelmann. Mit seiner Frau verbrachte er die nächsten 46 Jahre.

Fabuliertalent eines Lügenbarons

Spätestens nun erwies sich sein humorvolles und geistreiches Erzähltalent. Bei Gesellschaften gab er seine Abenteuer aus Russland zum Besten, immerhin war er dort zum kaiserlich-russischen Rittmeister ernannt worden. Seine lustigen Erzählstunden hielt er vielerorts, wo er in vornehmer Runde eingeladen wurde – von Göttingen über Hannover bis nach Lübeck. Er war auch gut für allerlei schrullige Einfälle. Von seinem Gartenpavillon aus rief er durch ein langes Sprachrohr zum Haupthaus, um noch Wein zu ordern.

Seine *Wunderbaren Reisen zu Wasser und zu Lande* erschienen 1785 zuerst in England, aber anonym. Geschrieben hatte das Buch der dorthin geflohene Bibliothekar Rudolf Erich Raspe, ohne allerdings Münchhausen zu informieren. Erst als die Geschichten auf Deutsch erschienen und Münchhausen damit in Verbindung gebracht wurde, erhielt er das Etikett „Lügenbaron".

Verbittert zog sich Münchhausen auf sein Gut zurück. Seine Frau starb 1790. Drei Jahre vor seinem Tod heiratete der Baron die 20-jährige Bernhardine Brunsig von Brun, doch es kam schnell zu Zerwürfnissen.

Am 22. Februar 1797 starb Münchhausen.

Schon 1911 wurde sein Leben in einem Stummfilm von Georges Méliès aufgearbeitet. 1943 spielte Hans Albers die Titelrolle in einem UFA-Film über den Baron. Das Drehbuch schrieb Erich Kästner, allerdings unter dem Namen Berthold Bürger. In der Verfilmung von 1988 spielen in *Die Abenteuer des Baron Münchhausen* die Schauspieler Robin Williams, Oliver Reed und der Musiker Sting mit.

Münchhausenrallye

14 Fragen sind zu beantworten – von der Schwere der Kugel am Mühlentor bis zur Länge der Sommerrodelbahn: Fragebogen unter www.muenchhausenland.de und der Rubrik „Münchhausen Kids“, Antworten bei der Touristeninformation.

Einige Lügengeschichten

Münchhausen bindet bei Schneetreiben ein Pferd an einen Pflock, der sich nach der Schmelze als Kirchturmspitze erweist.
Münchhausen reitet auf einer Kanonenkugel über eine belagerte Stadt, inspiziert die Stellungen des Feindes und fliegt auf einer Kugel des Feindes in der Gegenrichtung wieder zurück.
Münchhausen zieht sich mit seinem Pferd am eigenen Haarschopf aus dem Sumpf.
Münchhausen jagt einen achtbeinigen Hasen.
Münchhausen schießt Hühner mit einem Ladestock.
Münchhausen erzählt, wie die Töne im Posthorn seines Kutschers im Winter gefrieren und das Horn Musik von sich gibt, als es in der Schenke auftaut.

Klosterkirche St. Marien

In der romanischen Kirche wurde Münchhausen beigesetzt; eine Grabplatte erinnert an den berühmten Lügenbaron. Der Pilgerweg von Loccum am Steinhuder Meer ins thüringische Volkenroda führt hier vorbei.

Hamelner Str. 33 (Kemnade),
Tel. +49 (0)5533 409536,
www.klosterkirche-kemnade.de

Landschaft auf der Draisine neu erleben.

Kultur und Erlebnis

Floßtouren

Sich treiben lassen auf der Weser mit professioneller Begleitung – so sind die Touren ein Erlebnis. Vier Stunden kosten 55 Euro pro Person mit Verpflegung.

Gartenstr. 14, Tel. +49 (0)5533 5060,
www.flosstouren.de

Kanu fahren
Kanu Wasser Wander Service, Großes Tal, 37619 Bodenwerder-Rühle, Tel. +49 (0)5042 7470, www.paddeltouren.de

Draisine fahren
Bahnhof Buchhagen, (Parkplatz Gasthof Mittendorf), Tel. +49 (0)4541 883216, www.3sine.net/bodenwerder

KulturMühle Buchhagen
Vorlesungen, Konzerte, Seminare und Café
Buchhagen 4, Tel. +49 (0)5533 4079616, www.kaleidoskop.buchhagen.org

Für Kinder

Naturerlebnispfad Hopfenberg
Auskunft bei der Touristeninformation (siehe Textbox)

Allwetter-Sommerrodelbahn
Die fast ein Kilometer lange Bahn hat bis zu zehn Prozent Gefälle. Es gibt außerdem einen Rundwanderweg, Teiche, eine Minigolf- und eine Billardgolfanlage.
Grüne Schleite 1, Tel. +49 (0)5533 934800, Öffnungszeiten: April–Okt.: tgl. 10–18 Uhr; eine Fahrt pro Pers. ab 16 J. 3 Euro, bis 16 J. 2 Euro, www.rodelpark.de

Für Genießer und über Nacht

Saisonal und regional:
Parkhotel Deutsches Haus
Das ausgewählte Steakangebot ist eine Spezialität. Die Zimmer versprühen modernes Flair und sind großzügig geschnitten. Der Park gehört zum Haus, die Weserpromenade liegt vor der Tür.
Münchhausenplatz 4
Tel. +49 (0)5533 400780
www.parkhotel-bodenwerder.de
DZ 91–110 Euro;
Hauptgericht 10–22 Euro

An der Weser mit Thaiküche:
Hotel Königszinne
Vegetarisch essen ist hier kein Problem. Die Hotelzimmer sind funktional, Haustiere willkommen.
Linser Str. 12
Tel. +49 (0)5533 97240
www.koenigszinne.de
DZ 96 Euro

Touristeninformation

Münchhausenplatz 1
37619 Bodenwerder
Tel. +49 (0)5533 40541
www.muenchhausenland.de

Hameln
Mehr als nur Ratten

Diese Stadt gehört in jede Märchentour: Mehr als eine Milliarde Menschen kennen die Sage vom hiesigen Rattenfänger, weiter verbreitet ist keine auf der Welt. So beherrscht die Ratte auch das Souvenirgeschäft – vom USB-Stick für den Computer über den Likör „Rattenkiller" bis zur Plüschratte ist alles vertreten. Dabei hat die Wesermetropole noch viel mehr zu bieten: schmucke Häuser in der Altstadt, beste Lokale und ein feines Kulturprogramm.
Touristen aus aller Welt strömen hier zusammen. Der Marktort hat sich seit 1200, als er erstmals erwähnt wurde, prächtig entwickelt. Weserschiffe, die Brücken und der Handel mit Getreide trugen ihren Teil dazu bei. Bis 1572 war Hameln in der Hanse. Sternförmige Bastionen umgaben die Stadt 1668, als die Bewohner sie zur welfischen Festung ausbauten. Als diese

Schwungvoll: das Musical RATS am Pferdemarkt.

bis 1784 weiter verstärkt wurde, sprach man vom uneinnehmbaren „Gibraltar des Nordens" im Kurfürstentum Hannover. Doch Napoleon ließ dann 1808 alles schleifen, und es blieben nur zwei Stadttürme stehen. Der Klütturm links der Weser ist ein beliebter Aussichtsturm, von hier starten kleine Wanderungen. Auch die weithin bekannte Hämelschenburg im Tal der Emmer – eine Dreiflügelanlage – ist auf einer Wanderung Richtung Süden in 3,5 Stunden gut erreichen.

Als der Rattenfänger kam

1284 kam der wunderliche Mann im bunten Tuch in die Stadt, um sie von Ratten und Mäusen zu befreien. Er flötete und die Tiere folgten ihm in die Weser, wo sie ertranken. Weil er aber nicht den versprochenen Lohn bekam, rächte sich der Flötist. Bei seinem nächsten Spiel folgten ihm rund hundert Kinder in eine Berghöhle, wo sie für immer verschwanden.

Märchenhaftes

RATS

Das Musical über den Rattenfänger wird im Sommer auf der Hochzeitshausterrasse am Pferdemarkt in der Altstadt präsentiert. Dort findet auch sonntags ein Freilichtspiel mit achzig Darstellern statt. Das Figurenspiel oben am Hochzeitshaus ist täglich um 13.05 Uhr, um 15.35 Uhr und um 17.35 Uhr zu sehen. Um 9.35 Uhr lassen die Glocken am Westgiebel das Rattenfängerlied erklingen.

Spielzeiten: 23. Mai–19. Sept.: Mi 16.30 Uhr, 40 Min.; kostenloses Freilichtspiel: 6. Mai–16. Sept.: So 12 Uhr, 30 Min.; kostenlos, www.musical-rats.de

Rattenfänger

Er begrüßt den Gast für zehn Minuten oder nimmt ihn mit auf eine Zeitreise ins Jahr 1284. Vielfältige Erlebnistouren – sogar auf dem Segway (Elektrozweirad) – können über die Touristeninformation gebucht werden.

Rattenfängerhaus

Das Haus von 1602 im Stil der Weserrenaissance trägt eine Inschrift, die an den Rattenfänger erinnert (Fassade zur Bungelosenstraße). Sie zeigt, wo, wann und wie viele junge Leute 1284 hinter dem Mann herzogen. Es ist nicht, wie manche glauben, der Wohnort des Rattenfängers gewesen. Innen sind alte Landkarten, Ölgemälde und Holzschnitzereien zu sehen. Die Gastronomie mit 200 Sitzplätzen über zweieinhalb Etagen bietet sogar „flambierte Rattenschwänze".

Osterstr. 28, Tel. +49 (0)5151 3888, tgl. ab 11 Uhr „Kaffee-Kuchen-Küche", www.rattenfaengerhaus.de

Für Genießer

Ortstypisch:
Fährhaus an der Weser
Liebevoll restauriert, mit Beachbar, der Möglichkeit zum Schwimmen und Terrasse, setzt das Haus am Campingplatz auf leichte und griechische Kost.
Uferstr. 80
Tel. +49 (0)5151 67489
www.campingplatz-faehrhaus-hameln.de
Hauptgericht ab 10 Euro

Weserblick: Grohnder Fährhaus
An der Grohnder Seilfähre liegt dieses Fachwerkhaus aus dem 18. Jahrhundert mit Restaurant, Biergarten an der Weser und Hotelbetrieb. Elektroräder sind werden verliehen. Der Campingplatz liegt nebenan, freitags wird Tango getanzt.
Grohnder Fähre 1
31860 Emmerthal
Tel. +49 (0)5155 380
www.grohnder-faehrhaus.de
Hauptgericht 12–18 Euro

Hinter dem Rattenfänger herlaufen – eine Gaudi für Kinder.

Rattenfänger im Museum Hameln

Eine sehr überzeugende Präsentation von Büchern, Filmen, Theaterstücken und Musik beleuchtet alle Facetten der Sage. Anhand alter Schriften wird versucht, den historischen Kern der Geschichte freizulegen. Das Haus zeigt auch packende Hintergründe zur Besiedlung des Weserberglands.

Osterstr. 8–9, Tel. +49 (0)5151 2021215,
Öffnungszeiten: Di–So 11–18 Uhr; Erw. 5 Euro, erm. 4 Euro,
www.hameln.de

Sehenswertes

Altstadt

Zu jeder Jahreszeit ist ein Bummel durch die Gassen ein Erlebnis. Die Fassaden der Weserrenaissance sind einmalig. Das „Late Night Shopping“ am 3. Dezember bis Mitternacht läutet den Weihnachtsmarkt ein. Siebzig Holzhäuschen sind beleuchtet und geschmückt auf Kundschaft eingestellt.

Cafés überall – flanieren macht hier Spaß.

Schauglasbläserei

In 30 Minuten hat jeder Zuschauer verstanden, wie aus flüssigem Glas herrliche Formen entstehen.

Glashütte Hameln, Am Pulverturm 1, Kastanienwall, Tel. +49 (0)5151 405571, Öffnungszeiten: März–Dez.: Mo–Sa 10–13/ 14–18 Uhr, So 10–17 Uhr, Feiertag 11–17 Uhr, Jan.–Feb.: Mo–Fr 11–13/14–17 Uhr, Sa 11–17 Uhr; Erw. 4 Euro, Kinder 3 Euro, www.glasblaeserei-hameln.de

Über Nacht

Gut aufgehoben:
★★★ Altstadtwiege
Das familiär geführte Haus verfügt über stilvolle Zimmer und liegt in einer ruhigen, zentralen Altstadtgasse.
Neue Marktstr. 10
Tel. +49 (0)5151 27854
www.hotel-altstadtwiege.de
DZ ab 78 Euro

Modern: ★★★★ Hotel zur Post
Das 1989 erbaute Haus verfügt über 34 helle Zimmer sowie mehrere Ferienwohnungen im Nachbargebäude des Hotels.
Am Posthof 6
Tel. +49 (0)5151 7630
www.hotel-zur-post-hameln.de
DZ 79–85 Euro; FeWo ab 59 Euro

Münster St. Bonifatius

Seit mehr als 1.000 Jahren werden hier Gottesdienste abgehalten. Aber schon ein kurzer Besuch des Münsters, der eine Pilgerstation auf dem Weg von Loccum nach Völkenroda bildet, verleiht Ruhe. Wer oben auf dem Turm steht, genießt einen Rundblick über die Stadt.

Münsterkirchhof 7, Öffnungszeiten: tgl. 9–18 Uhr; Nov.–März: 9–17 Uhr, www.muenster-hameln.de

Das ehrwürdige Münster St. Bonifatius spendet Schatten und Ruhe.

Kultur und Erlebnis

Schiffsausflug

Die vielen Angebote sind unter www.flotte-weser.de sowie Tel. +49 (0)5151 939999 zu finden.

Hefehof

Hier laufen viele Veranstaltungen zu Musik, Literatur und Kunst.

Hefehof 2, Tel. +49 (0)5151 57850, www.hefehof.de

Weitere Angebote liefern das Theater, die Stadtbücherei und die Sumpfblume sowie der lokale Sender „Radio aktiv", auf 94,8 MHz zu empfangen.
www.hameln.de

Ein Weserausflug gehört dazu.

Jährliche Feste

Jazzfestival
Bekannte Bands aus nah und fern sind Ende Oktober in der Stadt zu hören.

Touristeninformation

Deisterallee 1 (am Bürgergarten)
31785 Hameln
Tel. +49 (0)5151 957823
www.hameln.de

Hessisch Oldendorf
Mit Baxmanns Fingerhut

Im westlichen Weserbergland zeigt sich der Weserort als guter Ausgangspunkt für Wanderausflüge und andere Entdeckungsreisen. Die nördlichste Tropfsteinhöhle Deutschlands ist zu finden oder auch das älteste Damenstift der Region – Fischbeck.

Märchenhaftes

Cord Baxmann

Brunnen, Quelle und Grab liegen in der Stadt, Auskunft gibt die Besucherinformation. Alles über den reichen Wirt und Kaufmann sowie buchbare Führungen (Mai–Sept., 2. Fr im Monat, 19 Uhr, Rathaus) unter: *www.baxmann.de*

Zum Spielen gut: der Baxmann-Brunnen.

Sehenswertes

Münchhausenhof

Die Stadtburg des Schaumburger Adels stammt aus dem 13. Jahrhundert und lag einst an einem Weserarm. Die Bibliothek mit 13.000 Büchern ist leider nicht erhalten. Heute befindet sich dort ein Hotel.

Weserstr. 16

Kultur und Erlebnis

Klippen von Hohenstein

Was Wanderer lieben, sind die Ausblicke. Hier befindet sich einer der Höhepunkte des westlichen Weserberglands. Schon Germanen verehrten an dem Felsenriff ihre Götter.

9 km nordöstl. von Hessisch Oldendorf

Der alte Baxmann

In der kleinen, schmucken Stadt zwischen den Hügeln des Weserberglands begegnet der Märchensucher immer wieder dem Namen Baxmann. Cord Baxmann (1599–1690) war Wirt des Ratskellers und soll sein Vermögen durch Betrug und Raub zusammengerafft haben. Es gab ihn tatsächlich, aber schon sein für die damalige Zeit biblisches Alter von 91 Jahren ist ungewöhnlich. Noch kurioser sind die Sagen um ihn. So heißt es, er habe nach seiner Beerdigung von seinem Haus aus den Trauernden zugewunken. Nach seiner Verbannung in den Süntel sollte er eine Quelle mit einem Fingerhut leerschöpfen. Damit ist er heute noch beschäftigt, was ihn ruhelos durch den Bergrücken streifen lässt.

Wanderer sind erstaunt über die bizarren Klippen von Hohenstein im Süntel.

Stift Fischbeck

Mit Kreuzgang und Kirche ist eines der ältesten Damenstifte der Region ein Ort der Besinnung. Es bildet eine Station mit Übernachtungszimmern auf dem Pilgerweg von Loccum nach Völkenroda. Orgelkonzerte auf der 2007 neu errichteten Orgel sind ein Genuss.
Im Stift 6a, Tel. +49 (0)5152 8603,
Öffnungszeiten: Führungen April–Okt.: tgl. außer Mo 14/15.30 Uhr; Erw. 4 Euro, Kinder 2,50 Euro, Stiftskirche Di–So 10–16 Uhr; kostenlos,
www.stift-fischbeck.de

Bullimuseum

Liebhaber des legendären VW-Busses haben viele Exemplare zusammengestellt. Das Haus ist im Aufbau, Spenden sind willkommen.
Fabrikstr. 41, www.bullimuseum.eu

Pilger machen gern im Stift Fischbeck Station. Rechts: der Kreuzgang.

Für Kinder

Schillat-Höhle

Deutschlands nördlichste Tropfsteinhöhle ist einfach zu erkunden. Es geht im gläsernen Fahrstuhl 45 Meter hinab in die Welt der funkelnden Kristalle.
Eine 3-D-Show zeigt die geschützte Riesenberghöhle. Unten herrschen konstant acht Grad.
Riesenbergstr. 2a,
Tel. +49 (0)5751 403980,
Öffnungszeiten: Sa, So 10–17 Uhr; im Sommer tgl.; Erw. 6 Euro, Kinder 3 Euro, www.schillat-hoehle.de

Schillat-Höhle: im Fahrstuhl in die Unterwelt.

Baxmannbad

Das beheizte Erlebnisbad ist ein wunderbares Sommerziel.
Barkenser Weg 49,
Tel. +49 (0)5152 527826,
www.baxmann.de/baxmann-bad.html

Für Genießer und über Nacht

Zünftig und mit Hotel:
Café am Stift
Im alten Fachwerkhaus und auf der Sonnenterrasse gibt es durchgehend warme Küche. Dazu gehören eine Bierscheune und ein Hotel.
Stiftstr. 3
Tel. +49 (0)5151 97620
www.cafeamstift.de
DZ ab 64 Euro
Hauptgericht ab 10 Euro

Fahrradfreunde:
Weserlounge Hotel Garni
Die zehn Zimmer sind im hellen Design. WLAN kostenlos.
Haustiere erlaubt
Kleinenwieden 45
Tel. +49 (0)5152 5252970
www.weserlounge.de
DZ ab 70 Euro

Touristeninformation

Marktplatz 13
31840 Hessisch Oldendorf
Tel. +49 (0)5152 782120
www.westliches-weserbergland.de

Bad Oeynhausen
Die gesunde Quelle

Schon Wilhelm II. kam hierher, um sich zu erholen. Das Staatsbad bietet heute alle Genüsse eines Gesundheitsurlaubs, ein lebendiges Theaterprogramm sowie Wanderstrecken vom Feinsten. Das Deutsche Märchen- und Wesersagenmuseum sollte niemand verpassen. Die Stadt nahe der Mündung der Werre in die Weser ist mit ihrer Thermalsolequelle und dem weithin sichtbaren Jordansprudel (52 Meter hoch) beliebt bei Jung und Alt.

Märchenhaftes

Deutsches Märchen- und Wesersagenmuseum
Neben den Brüdern Grimm tauchen hier viele Hinweise auf die Ursprünge von Märchen auf. Karl Paetow (1903–1992), der Gönner des Museums, wollte die Tradition der Volkssagen lebendig halten. Der Schriftsteller und Kunsthistoriker wurde in Kassel geboren und hatte sich früh mit Grimm'schen Märchen befasst. 1.000 Objekte und Bilder sowie 1.000 Bände Literatur sind im Museum zu bestaunen.
Am Kurpark 3, Tel. +49 (0)5731 143410, Öffnungszeiten: Mi–So 10–12/14–17 Uhr; Erw. 1,50 Euro, Kinder 0,50 Euro, Märchenerzählstunde jeden 1. Fr im Monat 16–17 Uhr; Erw. 4 Euro, erm. 3 Euro, Märchenspaziergänge im Kurpark April–Okt.: einmal monatl. Do 16 Uhr

Wandelhalle, Kurhaus und -park liegen eng beieinander.

Sehenswertes

Kurpark mit Kaiserpalais

Wandelhalle, Jordansprudel und Park eignen sich gut für einen Spaziergang.

Museumshof

Eine Hofanlage der vorindustriellen Zeit mit Scheune, Backhaus und Mühle gibt Einblicke in das Leben auf dem Lande. Der Hof liegt im Siekertal.
Schützenstr. 35a, Tel. +49 (0)5731 91488, Öffnungszeiten: April–Nov.: Mi–So 10–12/14–17 Uhr; Erw. 1,50 Euro, Kinder 0,50 Euro, Mai–Okt.: Veranstaltungen mit Klöppeln und Wolle spinnen, www.badoeynhausen.de

Hochseilgarten: einen Kilometer weit klettern.

Kultur und Erlebnis

Aqua Magica und Hochseilgarten

Der zur Landesgartenschau 2000 geschaffene, 20 Hektar große Park wurde von zwei französischen Landschaftsarchitekten entworfen. Ein Wasserkrater und der Hochseilgarten mit einer Kletterstrecke von einem Kilometer sind die Besonderheiten.
Bültestr. 23, Tel. +49 (0)541 99899841, Öffnungszeiten: tgl. 10–22 Uhr; Hochseilgarten April–Okt.: Fr–So 12–18 Uhr sowie tgl. in den Ferien von Nordrhein-Westfalen; Erw. 17,50 Euro, erm. 14 Euro, www.kletterpark-nrw.de

Für Genießer und über Nacht

Rustikal gemütlich:
Forsthaus Alter Förster
Von Schnitzel über Steak bis Vegetarisch – das Haus bietet Genuss. Die Zimmer sind liebevoll eingerichtet.
Forststr. 21
Tel. +49 (0)5731 9941
www.alter-foerster.de
DZ 79 Euro;
Hauptgericht 10–19 Euro

Jährliche Feste

Märchentage
Jedes Jahr im Oktober werden im Märchenmuseum die alten Geschichten lebendig.

Touristeninformation

Im Kurpark
32545 Bad Oeynhausen
Tel. +49 (0)5731 1300
www.badoeynhausen.de

Nienburg
Die Kuriose

Der Weserort hält Kuriositäten parat: Am besten, man lässt sie sich bei einem Rundgang mit dem Nachtwächter erläutern. Nienburg kämpfte als „King's German Legion" an der Seite der Briten gegen die französischen Besatzer unter Napoleon. Es war eine Hochburg der Seidenproduktion. Außerdem stellte es erfolgreich Ersatzkaffee her und machte sich damit einen Namen. Heute ist der Nienburger Spargel weithin bekannt. Außerdem soll hier Europas schönster Wochenmarkt zu erleben sein. Verwinkelte Gassen und urige Kneipen zeigt der Nachtwächter bei seinem Rundgang ohnehin.

Sehenswertes

Museum Nienburg mit Spargelmuseum

Das Museum zeigt in mehreren Häusern eindrucksvoll die Besiedlung der Region. Im Biedermeiergarten

Die Nachtwächter laden ein zum Rundgang.

Der Spargelbrunnen erinnert an das edle Produkt der Region.

steht ein 300 Jahre altes niederdeutsches Hallenhaus, in dem sich das Spargelmuseum befindet. Alles über Anbau, Züchtung und Ernte ist zu erfahren. Die erste Spargelschälmaschine ist eine Attraktion. Besonders ist auch das Lapidarium. Es zeigt eine Sammlung behauener Sandsteine, die hier typisch sind.
Leinstr. 48, Tel. +49 (0)5021 12461, Öffnungszeiten: Di–Do 10–17 Uhr; Fr 10–13 Uhr; Sa (Mai–Aug.) 14–17 Uhr; So 14–17 Uhr; Erw. 2,50 Euro, Kinder bis 18 J. frei, www.museum-nienburg.de

1975 wurde der Kleinen Nienburgerin hinter dem Posthof ein Bronzedenkmal gesetzt.

Kleine Nienburgerin
Die Bronzeskulptur erinnert an einen Wechselgesang zwischen der Frau und einem „Calenberger Buern“. Das Lied „Ich bin die kleine Nienburgerin“ (Verfasser unbekannt) ist mehrmals täglich als Glockenspiel vom Posthof zu hören. Die Frau ist Symbol und Werbefigur der Stadt.

Polizeigeschichtliche Sammlung

Die Arbeit am Tatort, außergewöhnliche Einsatzfahrzeuge und alles über den hannoverschen Massenmörder Fritz Haarmann (1879–1925) hält das Haus bereit. *Lange Str. 20–22, Tel. +49 (0)5021 8877880, Öffnungszeiten: Di–Do 10–17 Uhr; Fr 10–13 Uhr; Sa 14–17 Uhr, (Mai–Okt.); So 14–17 Uhr, www.polizeigeschichte-niedersachsen.de*

Giebichenstein

Der angeblich größte Findling Niedersachsens kam mit Eiszeitgletschern, soll mehr als 300 Tonnen wiegen und liegt am archäologischen Wanderpfad gegenüber dem Stöckser See.

Im Wasserturm toben heute Kinder. Den „wiehernden Hengst" schuf der deutsche Bildhauer Gerhard Marcks.

Niedersächsische Spargelstraße

Ebenfalls durch Nienburg führt die Niedersächsische Spargelstraße. Der beim Grebennikov Verlag in der Serie „Ferienstraßen" erschienene Reiseführer „Niedersächsische Spargelstraße" weist den Weg durch eine vielfältige, mit Kleinoden reich gesegnete Region – für während der Spargelsaison oder danach.
Niedersächsische Spargelstraße
ISBN: 978-3-941784-31-4

Kultur und Erlebnis

Europas schönster Wochenmarkt

Den Titel trägt er seit 2008. Zu erleben ist er auf der Langen Straße mit sechzig Ständen. Im Mai/Juni den Nienburger Spargel nicht verpassen!

Marktzeiten: Mi u. Sa 8–13 Uhr

Das Lachen der Sonnenblumen: Nienburg hat den schönsten Markt.

Für Genießer

Hasbergscher Hof
Dieses Restaurant mit Café hat von regionaler Küche mit Nienburger Spargel oder Forellen über Eis und Kuchen alles zu bieten, was Feinschmecker mögen. Gewölbekeller und Weserterrasse wirken einladend.
Wallstr. 5
Tel. +49 (0)5021 6000555
www.hasbergscher-hof.de
Hauptgericht ab 12 Euro

Nienburger Kartoffelhaus
Gemütlich, kinderfreundlich und preisgünstig zeigt sich dieses kleine Lokal nahe der Weserbrücke.
Weserstr. 15
Tel. +49 (0)5021 64445
Hauptgericht ab 10 Euro

Über Nacht

Freundlich:
Hotel Dat Wählige Rott
Mitten in der Altstadt liegt das rosa gestrichene Haus, ein Zimmer ist mit Himmelbett, ein anderes mit Wasserbett ausgestattet.
Poststr. 2
Tel. +49 (0)5021 888095
www.hotel-waehlige-rott.de
DZ ab 70 Euro

Touristeninformation

Brückenstr. 1
34399 Oberweser-Gieselwerder
Tel. +49 (0)5572 937310
www.oberweser.de

Bremen – die Stadtmusikanten

Viele tragen Roland und Rathaus mit sich in der Tasche herum. Sie müssen nur genau hinsehen, denn einige der neuen Zwei-Euro-Münzen bilden die beiden Bremer Wahrzeichen ab. Beide sind auch Unesco-Weltkulturerbe. Doch das wirkliche Wahrzeichen sind Esel, Hund, Katze und Hahn – die Bremer Stadtmusikanten. Der bronzene Abdruck eines Komikers wiederum ziert die Mall of Fame in der Lloyd Passage der Innenstadt. Hape Kerkeling hatte vor mehr als 21 Jahren bei Radio Bremen *Total Normal* produziert, eine Comedyserie. Kultur in Bremen, das ist eine Besonderheit. Hier wird viel ausprobiert. Jungstars brillieren genauso wie Klassiker. Das junge Publikum der Stadt weiß das zu schätzen; mutig-unkonventionell lautet die Richtung. Deshalb ist auch das Angebot an Kunst und Kultur, Theater und Musik ausgesprochen groß. Bremen und Bremerhaven bilden zusammen einen Stadtstaat und sind mehr als einen Kurzurlaub wert.

Wer die Beine des Esels festhält, hat einen Wunsch frei.

Märchenhaftes

Die Bremer Stadtmusikanten

Wer an das überraschend kleine Denkmal von Gerhard Marcks aus dem Jahr 1953 vor dem Rathaus (Westseite) gelangt und dem Esel an die Beine fasst, hat einen Wunsch frei – und kommt sicher wieder zurück nach Bremen. Es waren die Brüder Grimm, die das Märchen aufschrieben. Was für eine schöne Station am Ende der Märchenstraße, die in ihrer Geburtsstadt Hanau beginnt!

Stadtmusikantenspiel
Abenteuerliche Geschichten sind zu sehen und zu hören. Gaukler spielen auf – so werden Grimms Märchen lebendig: von Mai bis Oktober jeden Sonntag auf fahrbarer Bühne in der Innenstadt.

Taschenformat: Roland und Rathaus auf der Zwei-Euro-Münze.

Sehenswertes

Bremer Roland
Seit 1404 steht der knapp 5,5 Meter hohe steinerne Roland am Markt vor dem Rathaus. Den Marktleuten diente die Bremer Elle als Maß. Die Kniespitzen des Rolands haben genau diesen Abstand.
Am Markt

„Wir gehen nach Bremen…"

Die Erzählung vom schwachen Esel, dem alten Hund, der armen Katze und dem gejagten Hahn ist weltbekannt. Seit dem 14. Jahrhundert wird das Stück in Bremen gespielt. Es handelt von den vier Tieren, die wegen ihres Alters den Besitzern nicht mehr nützlich erscheinen und getötet werden sollen. „Wir gehen nach Bremen, etwas Besseres als den Tod findest du überall." Dieser Ratschlag überzeugte. Die vier sehen ein Räuberhaus, erschrecken die Bewohner und übernehmen es als Nachtlager. Es ist ein Gleichnis über alte Knechte und Mägde, die ihren Herren nicht mehr so kraftvoll helfen können. Sie halten zusammen, brechen auf, überlisten die Bösen und schaffen sich ein neues Leben.

Rund um den Roland – rechts mit grünem Dach das Rathaus.

Rathaus mit Ratskeller

Das Rathaus ist das politische Herz der Stadt, hier regiert der Bürgermeister. Seit 2004 gehört das 1405 gebaute Gebäude zum Weltkulturerbe. Die vierzig Meter lange obere Rathaushalle ist imposant. Im Ratskeller lässt es sich nicht nur gut essen und trinken (das Weinlager verfügt über 750.000 Flaschen), da ertränkte auch Märchendichter Wilhelm Hauff 1823 seinen Liebeskummer. Max Slevogt schuf Fresken nach Hauffs *Phantasien im Bremer Ratskeller.*

Schoppensteel 1, www.ratskeller.de

Die Höhepunkte: St.-Petri-Dom, die Schlachte und die Böttcherstraße (rechts).

Schlachte

An der Weserpromenade heißt es den Schiffen nachschauen oder selbst einsteigen. Wer das verpasst, kann einkehren. Es gibt viele Lokale.

www.schlachte.de

Schnoor

Kleine Häuser, enge Gassen – hier befindet sich das spannendste Viertel der Stadt. Kneipen, Restaurants und Boutiquen reihen sich aneinander.

St.-Petri-Dom

Auf der höchsten Düne rechts der Weser ließ Erzbischof Bezelin 1041 diesen Dom errichten. Später verfiel er und erstrahlte 1901 neu. Orgel, West- und Ostkrypta sind beachtlich. Ein Museum zeigt Steinskulpturen, Wandmalereien und restaurierte Funde. Empfehlenswert ist eine Turmbesteigung. *Sandstr. 10–12, www.stpetridom.de*

Böttcherstraße

Backsteinromantik, Kunst im Paula Modersohn-Becker Museum, Goldschmiede, Glasbläser, Teeläden und die Ständige Vertretung als Lokal liefern eine abwechslungsreiche Mischung auf engstem Raum.

Für Genießer

Liebe zum Detail: Schröter's Leib und Seele
Speisen im Schnoorviertel, französisch angehaucht, aber auch gern mit Sylter Hering oder Lammrollbraten – das ist eine Delikatesse. Nebenan (Schnoor 14) hat Schröter's Chocolaterie und Patisserie von 10.30–19.30 Uhr auch süße Pralinen und Trüffel im Angebot.
Schnoor 13
Tel. +49 (0)421 326677
www.schroeters-schnoor.de
Hauptgericht 9,50–15,50 Euro

600 Jahre Tradition: Ratskeller
So lange wird hier schon Wein ausgeschenkt und gut gegessen. Vom Bremer Knipp (Grützwurst) über Pfälzer Flammkuchen bis zu Nordseeschollen wird alles serviert.
Schoppensteel 1
Tel. +49 (0)421 321676
www.ratskeller-bremen.de
Hauptgericht 12–19,90 Euro

Eng und gut: Küche 13
Offene Küche, wenig Platz, raffinierte Gerichte – so erlebt man das Haus.
Beim Steinernen Kreuz 13
Tel. +49 (0)421 20824721
www.kueche13.de
Hauptgericht 10–19,90 Euro

Über Nacht

Schlicht und persönlich:
Garden Hotel
Nahe am Einkaufszentrum Waterfront liegt dieses schlichte und freundliche Haus.
Geeststr. 50
Tel. +49 (0)421 1650500
www.garden-hotel.de
DZ 79–99 Euro

Komfortabel und nah am Park:
★★★★ Hotel Munte
Das noble Haus liegt am Bürgerpark und verfügt über einen Wellnessbereich.
Parkallee 299
Tel. +49 (0)421 22020
www.hotel-munte.de
DZ ab 107 Euro

Ungewöhnlich:
Mobiles Hotelzimmer
Übernachten im großen Wohnmobil, das hat seinen Reiz. Es steht am Hanse Komfort Hotel, das zur gleichen Hotelgruppe gehört, und wird auf Wunsch auch woanders geparkt.
Hastedter Heerstr. 104–110
Tel. +49 (0)421 494233
www.wohnmobil-hotel-bremen.de und
www.hotel-gruppe-kelber.de
Wohnmobil: DZ 89 Euro, mit Wunschstandort 95 Euro

Universum

Mensch, Erde und Kosmos – darüber erfahren Groß und Klein hier mehr. Spielend lernen und ausprobieren lautet das Motto in der großen Muschel. Über mehrere Etagen werden besonders Kinder jeden Alters zum Mitmachen und Ausprobieren angeleitet, wenn es um physikalische Phänomene des Alltags geht. Der Entdeckerpark im Außengelände bietet 16 verschiedene Stationen, darunter einen 27 Meter hohen Turm der Lüfte.
Wiener Str. 1 a, Tel. +49 (0)421 33460,
Öffnungszeiten: Mo–Fr 9–18 Uhr;
Sa, So 10–18 Uhr;
Entdeckerpark nur März–Okt., schließt um 16.30 Uhr;
Erw. 16 Euro, Kinder 11 Euro, Guten-Abend-Ticket 5 Euro,
www.universum-bremen.de

Turm der Lüfte

Auf den Ebenen des Aussichts- und Einsichtsturmes im Entdeckerpark des „Universums" kann man die Stärke des Windes selbst bestimmen. Am Regentrichter sammeln sich die Niederschläge. Wer aber traut sich, den Glasboden in der überhängenden Außentreppe zu betreten? Und im Fallrohr lässt sich ausprobieren – welcher fällt schneller, der Gummiball oder der Ball aus Styropor?

Kultur und Erlebnis

Kunsthalle Bremen

Werke der Künstlerkolonie Worpswede, Bilder von Max Liebermann bis Picasso und dazu packende Sonderausstellungen machen den Besuch zu einem Höhepunkt.
Am Wall 207, Tel. +49 (0)421 329080, Öffnungszeiten: Di 10–21 Uhr; Mi–So 10–18 Uhr; Erw. 11 Euro, Kinder ab 6 J. 4 Euro, www.kunsthalle-bremen.de

Überseemuseum

Bis nach Ozeanien führt die Reise durch das Haus. Spannende Stationen zu Völkern, Handel und Natur sind garantiert.
Bahnhofsplatz 13, Tel. +49 (0)421 16038101, Öffnungszeiten: Di–Fr 9–18 Uhr; Sa, So 10–18 Uhr; Erw. 6,50 Euro, Kinder 6–17 J. 2,50 Euro, www.uebersee-museum.de

Jährliche Feste

Sambakarneval
Fasching bei den Norddeutschen ist eine beschwingende Überraschung.

Breminale
Vierzig Musikformationen spielen auf – meist im Juli.

Sommer in Lesmona
Picknick im Knoops Park mit der Kammerphilharmonie und Solokünstlern – das ist ein Genuss Anfang Juli.

La Strada
Der Straßenzirkus mit hundert Vorstellungen kommt im August.

Bremer Freimarkt
Der Freimarkt ist das große Fest in Norddeuschland mit 300 Schaustellern – in der zweiten Oktoberhälfte.

Touristeninformation

Touristeninformation City
Obernstraße 1/
Liebfrauenkirchhof
28195 Bremen

Touristeninformation Hauptbahnhof:
Bahnhofsplatz 15
28195 Bremen
Tel. +49 (0)1805 101030
www.bremen-tourismus.de

Buxtehude
Die Märchenstadt

Die schmucke Stadt in roten Klinkern rund dreißig Kilometer südwestlich von Hamburg ist eine Märchenstadt. Sie liegt auf nur etwa fünf Metern Höhe über Normalnull am Übergang der flachen Marsch zur hügeligen Geest. Von 2002 bis 2006 gab es hier für die Jugend eine Chance, Politik zu machen: Das Jugendparlament bestand aus elf Mitgliedern im Alter von 14 bis 18 Jahren. Sie konnten ihre Ideen einbringen und ein Budget verwalten. Buxtehude hat rund 40.000 Einwohner.

Was Märchen angeht, ist *Der Hase und der Igel* typisch für die Stadt. 1840 veröffentlichte Wilhelm Schröder (1808–1878) die niederdeutsche Tierfabel in seiner Version im von ihm begründeten Hannoverschen Volksblatt und verlegte die Handlung nach Buxtehude. Der erwähnte Ort Bexhövede liegt aber nahe bei Bremerhaven. Seitdem glauben viele, auch Buxtehude sei nur ein Märchen. Dabei hat der Ort 959 schon als Königsgut Buochstadon existiert. Hude ist eine

Rote Klinker überall: Schon das Standesamt sieht schmuck aus.

Anlegestelle und die gab es am Este-Ufer. So heißt hier der Fluss, der in die Elbe fließt. Der Ort kommt auch in Otfried Preußlers Kinderbuch *Der Räuber Hotzenplotz* vor. Barbara Bartos-Höppner erzählt ebenfalls von einer Entenjagd in Buxtehude, und auch der Schlagerfilm *Tante Trude aus Buxtehude* von 1971 erwähnt die Stadt. Die Redensart, dass „der Hund mit dem Schwanz bellt", stammt gleichermaßen aus der norddeutschen Stadt. Der Ausspruch kommt jedoch vom Niederländischen „de Hunten bellen", was heißt: die Glocken läuten.

Der Hase und der Igel

Die Geschichte vom Wettlauf der beiden Tiere gehört zu den zwölf bekanntesten deutschen Volksmärchen. Darin macht sich der Hase über den Igel lustig, weil der so krumme Beine hat. Der Igel will ihm eine Lektion erteilen und fordert ihn zum Wettrennen heraus. Dazu überlegt er sich eine List: Seine Frau wartet auf der Ziellinie. Igelmann und Hase starten. Als der Hase am Ziel ist, sagt die Frau keck: „Ick bün all hier" (Ich bin schon da). Der Hase, der die beiden Igel nicht unterscheiden kann, rennt 74-mal hin und her, dann bricht er tot zusammen.

Märchenhaftes

Has'-und-Igel-Brunnen

Der Bürgerbrunnen erinnert an das Märchen über den Wettlauf von Hase und Igel. Das Märchen wurde auch von den Brüdern Grimm nacherzählt. Ein Pfad mit 14 Skulpturen vom Wettloopsweg bis zum Stavenort veranschaulicht das Rennen.
Geesttor

Sehenswertes

Altstadt

Sehr sehenswerte Bürgerhäuser in Westfleth und der Langen Straße, dazu das Rathaus, 1913 im Jugendstil neu errichtet, das Brauhaus in der Kirchenstraße (zwei Biersorten werden gebraut) sowie die restaurierte Viehmarkthalle gehören zu einem Bummel dazu.

Flethenkieker

Die lebensgroße Bronzeskulptur in der Innenstadt stammt von Carsten Eggers. Er schuf das Denkmal 1989 als Erinnerung an die Männer, die die Flut überwachten, also die Stadt vor Überschwemmungen bewahrten.

Die jährliche Bulle

Die Buxtehuder Bulle wird als Jugendbuchpreis seit 1971 auf Initiative eines Buxtehuder Buchhändlers verliehen. 2011 erhielt ihn die amerikanische Autorin Susan Beth Pfeffer aus New York für ihren Roman Die Welt, wie wir sie kannten.

Giekewer

Das letzte Schiff der plattbodigen Niederelbkähne von 1897 liegt hier am Kai. Buxtehude war bis 1950 sein Heimathafen, es wurde 1991 restauriert. Giekewer sind einmastige Segelschiffe mit Flachboden. Häufig haben sie ein Seitenschwert, das man herunterlassen kann. Ewer waren seit etwa 1800 auf Unterelbe und Unterweser verbreitet. Sie konnten als Frachtschiffe auch in flache Kanäle fahren.

Ein Flethenkieker zum Anfassen.

Buxtehude-Museum für Regionalgeschichte und Kunst

Auch hier sind Hase und Igel vertreten. Das 1911 gebaute Fachwerkhaus mit einer eindrucksvollen Fassade beherbergt örtliche Handwerkskunst. Auch die Industriegeschichte ist gut aufgearbeitet.

Stavenort 2, Öffnungszeiten: Di–Fr 14–17 Uhr; Sa, So 11–17 Uhr, Tel. +49 (0)4161 5012333

Alte Markthalle

Das als Viehmarkthalle im neuromanischen Stil errichtete Gebäude dient heute als Brauhaus.

Kirchenstr. 13

Kultur und Erlebnis

Ausflug mit dem Dampfer

Es geht auf der Barkasse über die Este in die Elbe bis in den Hamburger Hafen und zurück.
Buxtehuder Hafen

Kulturforum am Hafen

Konzerte und Kleinkunst, Lesungen und Filme sind zu erleben.
Hafenbrücke 1, Tel. +49 (0)4161 502556, www.kulturforum-hafen.de

Für Genießer

Krimidinner:
Buxtehuder Brauhaus
Das Speisenangebot ist eher bescheiden, die Bierauswahl, die Musik und die Krimiabende sind hingegen beachtlich.
Kirchenstr. 13
Tel. +49 (0)4161 3775
www.buxtehuder-brauhaus.de
Hauptgericht 7–10 Euro

Jährliche Feste

Obstbaumblüte
Im Alten Land ist Ende April/Anfang Mai die Blüte von Apfel- und Kirschbäumen zu bestaunen.

Altstadtfest
Hier sind Kinderfeste und Musik am zweiten Juniwochenende zu erleben.

Weinfest
Auf dem St.-Petri-Platz wird Ende August das edle Getränk verkostet.

Über Nacht

Flethblick: Hotel zur Mühle
Das Nichtraucherhaus mit der traumhaften Lage am Wasser hat moderne Zimmer.
Ritterstr. 16
Tel. +49 (0)4161 50650
www.hotelbuxtehude.de
DZ 99,50 Euro

Touristeninformation

Viverstr. 1
21614 Buxtehude
Tel. +49 (0)4161 2345
www.buxtehude.de

Bremerhaven
Dubai des Nordens

Mit den „Havenwelten", in denen die Themen Auswandern, Klima und Schifffahrt grandios gebündelt sind, bietet die Stadt am Nordseeufer Besuchern einen unnachahmlichen Mix aus Unterhaltung und Information. Auch die Miniversion des Luxushotels Burj Al Arab in Dubai trägt dazu bei.
Das Exportzentrum Deutschlands spiegelt den Takt der Wirtschaft wider. Mal brummt der Laden, mal herrscht Flaute. Allein der Autoterminal in Bremerhaven hat drei Millionen Quadratmeter Fläche. 120.000 Fahrzeuge im Wert von etwa 3,6 Milliarden Euro stehen hier und werden bald verladen. Die großen Schiffe bringen die importierten Autos mit. Die werden von Bremerhaven aus weiter verteilt. Der Containerterminal hat 14 Liegeplätze und 4,7 Kilometer Kailänge. Das ist gigantisch. Darum ist eine Hafenrundfahrt ein Erlebnis. Fisch und Tiefkühlkost werden am Hafen verarbeitet. Werften sind aktiv.

Wie Segel und Rettungsring: das hohe Atlantic Hotel steht neben dem Klimahaus.

Die Geschichte der Stadt lässt sich schnell zusammenfassen: 1827 kaufte Bremen vom Königreich Hannover ein Gelände an der Wesermündung, um einen Hafen zu bauen, denn der eigene Vorhafen Vegesack versandete langsam. Als erstes Steinhaus wurde 1829 das Bremische Amtshaus am Hafen eröffnet. Der Ort hatte 19 Einwohner, 1871 waren es 10.000, heute sind es 114.000. Zehntausende Menschen sind von Bremerhaven aus ausgewandert (siehe Deutsches Auswandererhaus). Wegen eines in Segelform gebauten Hotels wie in den Vereinigten Arabischen Emiraten und der großen Wirtschaftskraft gilt die Stadt als „Dubai des Nordens".

Märchenhaftes

Seemannsgarn

Autor Jan Schmietwech hat *Die wunderlichen, aber wahren Hafengeschichten* des Jakob Kruschinski geschrieben. Darin wird viel Seemannsgarn gesponnen. Unterhaltsam ist *Jack Pott, Baron Wind un die Unnerbüx* (als E-Book), und *Der gute Salzhering, das Holzbein un die Bangbüx* gilt schon als Klassiker. Die Werke des hiesigen Schriftstellers sind in den örtlichen Buchhandlungen zu bekommen.

Aufgepasst, Kinder!

Wer sich im Aquarium Atlanticum etwas umschaut, findet hinter der halben Weltkugel ein Relief mit Fischen und einem Segelschiff. Dort lassen sich Bilder auf ein Blatt Papier abrubbeln und als Andenken mit nach Hause nehmen. Am „Knotenmann", einer lebensgroßen Stoffpuppe, können Knoten geübt werden – ganz seemännisch! www.atlanticum.de

Sehenswertes

Schaufenster Fischereihafen

Vom Seefischkochstudio über viele Lokale in der ehemaligen Fischpackhalle IV, das Aquarium Atlanticum und zu einem Museumsschiff reicht das Angebot.

Ein Theater bietet Unterhaltung. Schiffstouren können gebucht werden. Der Hafenbus fährt die Gäste von hier auch zum Containerterminal.

Führung zu Fischverarbeitung, Räucherei, 1,5 Std., auf Anfrage, Besichtigung Museumsschiff „Gera": Tel. +49 (0)471 308160, Atlanticum: Am Schaufenster 6, Tel. +49 (0)471 932330, Öffnungszeiten: tgl. 10–18 Uhr; Erw. 4,10 Euro, Kinder ab 4 J. 2,60 Euro, www.bremerhaven.de, Schaukochen: 3 Std. mit Menü, nur auf Anfrage, Tel. +49 (0)471 9323321, Schiffstouren: Hafenrundfahrt mit der „MS Dorsch", 1 Std.; Lachstörn mit Kutter „Wilhelm Peter", halber oder ganzer Tag auf Anfrage, Tel. +49 (0)175 9550706, nähere Auskünfte und Preise: Schaufenster, Fischereihafen, An der Packhalle IV, Tel. +49 (0)471 3010003, www.schaufenster-fischereihafen.de

Leuchttürme erleben

Die kleine Leuchtturmreise beginnt so: Der Simon-Loschen-Leuchtturm an der Schleuse zum Neuen Hafen ist seit 1853 in Betrieb, kann aber nicht von innen besichtigt werden. Eine Seereise mit Übernachtung (ab 488 Euro pro Pers.) garantiert ein einmaliges Erlebnis im Leuchtturm Roter Sand in der Wesermündung (buchen über die Touristeninformation). Der Leuchtturm Brinkamahof beherbergt die kleinste Kneipe im Ort (Am Seedeich 57, Tel. +49 (0)471 77555). Der einzige Leuchtturm mit Nebelglocke nennt sich Pingelturm, steht südlich der Einfahrt zur Kaiserschleuse und ist nur von außen zu besehen – ein einzigartiger Anblick.

Kunstmuseum

Lokales Engagement für Kunst wird grandios präsentiert. Hundert Jahre Sammlungsgeschichte des Kunstvereins findet in dem 2007 eröffneten Haus ihren Platz auf drei Stockwerken und 700 Quadratmetern.

Karlsburg 1, Tel. +49 (0)471 46838, Öffnungszeiten: Di–Fr 11–18 Uhr; Sa, So 11–17 Uhr; Erw. 4 Euro, erm. 2,50 Euro, www.kunstverein-bremerhaven.de

Kunsthalle

Die Kunsthalle zeigt mehrere Wechselausstellungen zeitgenössischer Projekte pro Jahr.

Karlsburg 4, Tel. +49 (0)471 9586106, Öffnungszeiten: Di–Fr 11–18 Uhr; Sa, So 11–17 Uhr; Erw. 2 Euro, erm. 1 Euro, www.kunstverein-bremerhaven.de

Historisches Museum

Es öffnete 1906 seine Tore, zeigt die Geschichte der Küste einfühlsam und informiert über Auswandern, Tourismus, Schiffbau, Hochseefischerei und Kulturgeschichte.

An der Geeste, Tel. +49 (0)471 308160, Öffnungszeiten: Di–So 10–18 Uhr; Erw. 4 Euro, Kinder 2,50 Euro, www.historisches-museum-bremerhaven.de

Phänomenta

Hier heißt es mitmachen und die Geheimnisse der Technik erleben.

Hoebelstr. 24, Tel. +49 (0)471 413081, Öffnungszeiten: April–Okt.: tgl. 10–18 Uhr; Nov.–März 10–17 Uhr; Erw. 5 Euro, Kinder 2,50 Euro, www.phaenomenta-bremerhaven.de

Volkskundliches Freilichtmuseum

Das Rauchhaus von 1625 ist schon sehenswert, doch wird hier im Ortsteil Speckenbüttel eine komplette Geesthofanlage mit Nebenhäusern und Bockwindmühle präsentiert.

Geesthofanlage, Parkstr. 9, Tel. +49 (0)471 81113, Marschenhaus und Bockwindmühle, Marschenhausweg 2, Tel. +49 (0)471 85039, Öffnungszeiten: April–Sept.: Di–Sa 14–18 Uhr; So 10–12/15–18 Uhr; Erw. 1,50 Euro, Kinder bis 14 J. 0,50 Euro, www.bauernhausmuseum-bremerhaven.de

Für Genießer

Das Restaurant im Auswandererhaus bietet von Grillspezialitäten bis Kuchen heimische und internationale Küche vom Feinsten.
Columbusstr. 65
Tel. +49 (0)471 90220121
www.dah-bremerhaven.de
Hauptgericht ab 12 Euro

Exotisch: Lady Tee's African Club & Snackbar
Afrikaatmosphäre prägt die Räume, da darf Straußenfleisch nicht fehlen. Es gibt vegetarische Gerichte, Sandwichs und Cocktails – ein Genuss. Freitag und Samstag Partynight.
Bürgermeister-Smidt-Str. 169
Tel. +49 (0)471 414285
www.ladyteesafricanclub.de
Hauptgericht ab 12 Euro

Kultur und Erlebnis

Klimahaus Bremerhaven 8° Ost

Hautnah die Klimazonen der Erde entlang des achten Längengrads erleben und dabei viel lernen über das Leben in diesen Ländern – das erreicht das Klimahaus vorbildlich und ist dafür mehrfach ausgezeichnet worden. Es ist eines der herausragenden musealen Erlebniswelten in Deutschland.

Am Längengrad 8, Tel. +49 (0)471 9020300, Öffnungszeiten: April–Aug.: Mo–Fr 9–19 Uhr; Sa, So 10–19 Uhr; Sept.–März: tgl. 10–18 Uhr; Erw. 14 Euro, Kinder ab 5 J. 9,50 Euro, www.klimahaus-bremerhaven.de

Über Nacht

Luxus mit Fernblick: ★★★★ Atlantic Hotel Sail City
Die Designzimmer geben Blicke auf Stadt und Weser frei. Das Haus ist edel, der Service freundlich. Die Panoramasauna bietet Entspannung mit Meerblick. Eine Aussichtsplattform in 86 Meter Höhe ist gegen Eintritt auch für Besucher zugänglich. Es gibt viele Pauschalen wie „Erlebnisreise Bremerhaven" mit zwei Übernachtungen, zwei Menüs im Restaurant Strom sowie Eintrittskarte nach Wahl für eine Bremerhavener Attraktion für 199 Euro pro Person.
Am Strom 1
Tel. +49 (0)471 309900
www.atlantic-hotels.de
DZ ab 140 Euro

Solider Charme: Hotel Lehe
Das Haus ist gemütlich, die Lage zentral. In zehn Fußminuten sind City oder Hafen erreicht.
Bürgermeister-Kirschbaum-Platz 7–9
Tel. +49 (0)471 984600
www.hotel-lehe.de
DZ 50 Euro

Deutsches Auswandererhaus

Das Europäische Museum 2007 – eine verdiente Auszeichnung – schafft es mit Rauminszenierungen (knarrendes Schiff kurz vor dem Ablegen), Klanginstallationen und einer persönlichen Auswanderergeschichte für Gäste vorbildlich, das vorzuführen, was Zehntausende hier am Kai erlebt haben: Auswandern in die USA.

Columbusstr. 65, Tel. +49 (0)471 902200, Öffnungszeiten: März–Okt.: 10–18 Uhr; Nov.–Feb.: 10–17 Uhr; Erw. 11,20 Euro, Kinder 4–16 J. 6,50 Euro, www.dah-bremerhaven.de

Deutsches Schiffahrtsmuseum

Museumshafen, Freilichtfläche und Schausammlungen bilden ein Ensemble. Vom U-Boot „Wilhelm

Bauer" bis zur Hansekooge wird hier gezeigt, was Seefahrt bedeutet. Polar- und Meeresforschung ergänzen das Angebot.
Hans-Scharoun-Platz 1, Tel. +49 (0)471 482070, Öffnungszeiten: April–Okt.: tgl. 10–18 Uhr; sonst Di–So 10–18 Uhr; Erw. 6 Euro, Kinder 6–14 J. 4 Euro, www.dsm.museum

Zoo am Meer

Fliegende Pinguine, gleitende Robben – hier dicht am Meer sind die Bewohner hinter Glas gut zu erleben. Doch es gibt auch Krallenaffen und Schimpansen sowie Meerschweinchen zu bewundern.
H.-H.-Meier-Str. 7, Tel. +49 (0)471 308410, Öffnungszeiten: April–Sept.: 9–19 Uhr; März–Okt.: 9–18 Uhr; Nov.–Feb.: 9–16.30 Uhr; Erw. 7 Euro, Kinder 4–14 J. 4 Euro, www.zoo-am-meer-bremerhaven.de

Containerhafen – das Getriebe des Exports. Unten: Pinguine im Zoo am Meer.

Touristeninformation

H.-H.-Meier-Str. 6
27568 Bremerhaven
Tel. +49 (0)471 414141
www.bremerhaven.de

Register
Von A bis Z

Adventskalender **15**
Aegidienkirche **157**
Affendenkmal **132**
Ahleburger Käs **45**
Allendorfer Steintor **149**
Allwetter-Sommerrodelbahn **207**
Alsfeld **42**
Altenbauna **118**
Altenburg **95**
Altstädter Rathaus **14**
Altwildungen **97**
„Am Brunnen vor dem Tore“ **149**
Apothekenmuseum **185**
Hofgeismar **184**
Aqua Magica **219**
Aqua-Park Baunatal **119**
Aquarium Atlanticum **235**
Arnim, Achim von **49**
Aschenputtel **200**
Astronomische Wanderung **79**
„Auf diesen Trümmern“ **164**
Auswandererhaus **198**
Bachmann, Erich **160**
Bächtenturm **80**
Bad Oeynhausen **218**
Bad Sooden-Allendorf **148**
Bad Wildungen **96**
Bang, Johann Heinrich Christian **56**
Baron Wind un die Unnerbüx **235**
Bartos-Höppner, Barbara **231**
Baumkronenweg **108**
Baunatal **118**
Baxmann, Cord **214**
Bergauf fließendes Wasser **193**
Bergmann, Jürgen **93**
Bergwerkmuseum Rossgang **137**
Bergwinkel **32**
Bibeltreue **180**
Bikepark, Bad Wildungen **103**
Biscopeshusen, Heinrich von **169**
Bodenwerder **202**
Bovenden **164**
Bremen **224**
Bremer Stadtmusikanten **224**
Bremerhaven **234**
Breminale **229**
Brentano, Clemens **49**
Brüder Grimm **14–15, 22–26**
Brüderchen und Schwesterchen **84**
Brunner, Hugo **93**
Brunsig von Brun, Bernhardine **205**
Bullimuseum **216**
Burg Everstein **200**
Burg Herzberg **46**
Burg Niedenstein **94**
Burg Plesse **165**
Burg Reichenbach **144**
Burg Trendelburg **188**
Bürger, Berthold **205**
Burgmannensitz **70**
Burgruine Hohenburg **85**
Burgruine Obernburg **93**
Burgruine Polle **200**
Burgruine Schauenburg **115**
Burgruine Wallenstein **79**
Burgruine Weidelsburg **113**
Busch, Wilhelm **162**
Buxtehude **230**
Caldern **57**
Chatten **144, 92–94**
Curtze, Louis F. C. **105**
Dalwigk-Hassenpflug, Marie von **117**
Der Rattenfänger von Hameln **209–211**
Dehringhausen **105**
Der Weiße Ritter **169**

Der Wolf und die sieben Geißlein **111, 157**
Deutsche Turnbewegung **15**
Deutsches Auswandererhaus **238**
Deutsches Goldschmiedehaus **14**
Deutsches Museum für Karikatur und Zeichenkunst **163**
Deutsches Schiffahrts museums **238**
Die Abenteuer des Baron Münchhausen **205**
Die fünf Sagen **191**
Die Oevelgönn'schen Kinder **114**
Die Sage vom Reinhardswald **181**
Die Teufelskaute **30**
Doktor Eisenbarth **172**
Donar-Eiche **89**
Dorfmühle Willingshausen **64**
Dorfmuseum Holzburg **73**
Dörnberg, Wilhelm von **75**
Dornröschen **172–173, 184–185**
Draisine **106**
Drei-Fähren-Rundfahrt **166**
Dunten, Jacobine von **205**
Ebergötzen **160, 162**
Eco Pfad Archäologie **132**
Edersee **102**
Efze **76–77**
Eggers, Carsten **232**
Eichsfelder Heimatmuseum **158**
Einsiedel **93**
Eisenbahnmuseum Heiligenstadt **159**
Eisenbahnfreunde Treysa **70**
Eiszeitpferd **137**
Erholungs- und Freizeit park Steinertsee **139**
Erlebniswildpark Alte Fasanerie **17**
Erlebnispark Steinau **30**
Erlebnispark Ziegenhagen **154**
Erlebnisschmaus **161**
Erlenbruchwald **86**
Eulenspiegel, Till **52**
Europahain **106**
Europäisches Brotmuseum **161**
Fahrradmarkt Lippoldsberg **166**
Fastnachts- & Statt-Museum **39**
Felgenfest **203**
Festival der Volksmusik **145**
Fipps, der Affe **134**
Fischerstad **150**
Flethenkieker **232**
Floßtouren Weser **206**
Folk im Schloss **101**
Frau Holle **144–146**
Freiensteinau **36**
Freilichtbühne Gudensberg **92**
Freilichtmuseum Mühlenplatz **196**
Freizeitanlage Heloponte **101**
Fridericianum **126**
Fritzlar **86**
Fürstenberg **168**
Gaußturm **177**
Gerhardt-von–Reutern-Haus **63**
Germanischer Garten **133**
Gernemann, Wienhold **193**
Gieselwerder **192–193**
Glasmuseum Immenhausen **182**
Goethe, Johann Wolfgang von **130, 156, 164**
Göttinger Sieben **25**
Götzenberg **201**
Gradierwerk **149**
Grauer Turm **88**
Grenzmuseum Schifflersgrund **150**
Grimm-Dich-Pfad **9, 51**
Grimm, Auguste **24**
Grimm, Carl **126**
Grimm, Charlotte **23**
Grimm, Dorothea **24**
Grimm, Ferdinand Philipp **28**
Grimm, Herman **13, 24**
Grimm, Jacob **10, 22–24, 116, 194**

Grimm, Ludwig Emil **22, 27, 32, 50, 62–63, 111**
Grimm, Philipp Wilhelm **22**
Grimm, Rudolf **24**
Grimm, Wilhelm **10, 22–24, 116, 194**
Grimms Märchenkeller **111**
Grimmsteig **141**
Großalmerode **142**
Gudensberg **92**
„Guten Abend, gute Nacht“ **15, 18**
Haarmann, Fritz **222**
Hagelturm **174, 177**
Halbinsel Scheid **106**
Hameln **208**
Hämelschenburg **209**
Hanau **224**
Hann. Münden **172**
Hase und Igel **198**
Hauff, Wilhelm **226**
Haus der Romantik **50**
Haus Kleiner Schneider **193**
Havenwelten **234**
Heidelbeerfest **181**
Heilbad Heiligenstadt **156**
Heimatmuseum Altenritte **119**
Heimatmuseum Fritzlar **94**
Heimatmuseum im Bergtor bei Kirchberg **95**
Helsa **140**
Herbstein **38**
Hermannsdenkmal **201**
Hessisch Lichtenau **144**
Hessisch Oldendorf **214**
Hessischer Radfernweg **95**
Hessisches Braunkohle Bergbaumuseum **84**
Hessisches Landesmuseum Kassel **94**
Hessisches Puppenmuseum **18**
Hirschmonat **17**
Historische Kuranlage Wilhelmsbad **16**
Historisches Museum Bremerhaven **237**
Historisches Museum Schloss Philippsruhe **20–21**
Historisches Rathaus Neustadt **60**
Hochseilgarten, Bad Oeynhausen **219**
Hofeditz, Karl F. **191**
Hofgeismar **184**
Hohlebachmühle **83**
Holleum **145**
Holzhäuser Heidelbeermärchen **181**
Hufeisenturm **182**
Hugenottenfest **113**
Huteeichen **62**
Hutewaldweg **79**
Hutten'sches Hospital **29**
Huttengruft **34**
Immenhausen **180**
Gutenbergbibel **180**
Insel Tanzwerder **174**
Ippinghausen **113**
Jahn, Friedrich Ludwig **15**
Jordansprudel **219**
Junker-Hansen-Turm **59**
Kaiser-Heinrich-Kreuz **87**
Kamelausritte, Hameln **31**
Kanu-Weser-Marathon **176**
Kapelle Schönberg **73**
Kasematten **53**
Kassel **90**
Katharinenkirche, Steinau **29**
Kaufungen **136**
Kesperkirmes **153**
Kesselstadt **12**
Kinder- und Hausmärchen **116, 194**
Kinzig **10**
Kinzigtal **10, 22, 26**
Kirchberg **95**
Kirchhofslinde **81**
Kleine Nienburgerin **221**
Kleine, Georg **162**
Kletterwald Steinau **30**
Klimahaus Bremerhaven 8° Ost **238**
Hohenstein **215**
Kloster Bursfelde **179**
Klosterkirche Lippoldsberg **167**
Klosterkirche St. Marien **206**
Klütturm **209**
Knüll **40**
Knüllwald **76**

Koph-Hus **176**
Köterberg **201**
Krause, Johann Friedrich **115–117**
Kräuter- und Wildpflanzengarten **87**
Kulturforum am Hafen **233**
KulturMühle Buchhagen **207**
Kultursommer Nordhessen **87**
Kunsthalle Bremen **229**
Kunsthalle Bremerhaven **237**
Künstlerkolonie Worpswede **229**
Künstlertenne **191**
Kunstmuseum Bremerhaven **236**
Kunstwanderweg Ars Natura **89**
Kurmainzer Schloss **157**
Kurpark an der Leine **159**
Kurpark Bad Wildungen **99**
Lahnbrücke **57**
Lahntal **56**
Lamatrekking **36**
Lausbubengeschichten **160**
Lebendiges Bienenmuseum **77–78**
Leinetal **164**
Leonhardsturm **46**
Leuchtturm Brinkamahof **236**
Leuchtturm Roter Sand **236**
Limesrundwanderweg Neuwirtshaus **19**
Lippoldsberg **166**
Literaturmuseum Theodor Storm **158**
Loccum **206, 212**
Lochbachklammpfad **77**
Lossetalradweg **139**
Löwenhaus **82**
Malerkolonie Willingshausen **62**
Mammutbäume **132**
Marburg **48**
Märchen- und Sagenaudienzen **185**
Märchenbrunnen Steinau **27**
Märchenbrunnen Wolfhagen **111**
Märchenfähre **166**
Märchenfest im Frau-Holle-Park **145**
Märchenhaus Alsfeld **44**
Märchenhaus Neukirchen **72–73**
Märchenlandweg **123**
Märchenmusical **12**
Märchenpark Heiligenstadt **157**
Märchenpark Mackenrode **157**
Märchenstunde bei den Brüdern Grimm **81**
Märchentage Bad Oeynhausen **219**
Märchenwache **115**
Märchenwoche mit Frau Holle **150**
Märchenzuträger **116**
Marcks, Gerhard **224**
Marienkirche Hanau **15**
Marionettentheater Die Holzköppe **30**
Matthäus Merian der Ältere **80**
Mäuseturm **161**
Max und Moritz **160–163**
Meditationsweg **39**
Méliès, Georges **205**
Metz, Heinz **73**
MitmachHaus, Kaufungen **137**
Mittelmühle **141**
Moot bey de Mehl **63**
Mühlengrabenpfad **86**
Müller, Wilhelm **149**
Münchhausen, Carl Friedrich Hieronymus, Baron von **198, 202–206**
Münster St. Bonifatius **212**
Museum Diemelmühle **188**
Museum für Vor- und Frühgeschichte Steinheim **21**
Museum Hameln **211**
Museum im Hochzeits- und Patrizierhaus **87**
Museum im Schäferhaus **167**
Museum Nienburg **221**
Museum Steinau **27**

Museum zur Stadtgeschichte Hanau **20**
Museumshof Siekertal **219**
Museumsscheune Völkershain **76**
Museumsschiff **235–236**
Musik- und Kinomuseum Helsa **141**
Nationalpark Kellerwald-Edersee **100**
Naturerlebnispfad Hopfenberg **207**
Naturpark Habichtswald **114**
Naturpark Hoher Vogelsberg **36**
Naturpark Meißner-Kaufunger Wald **140**
Naturpark Solling-Vogler **166**
Naturzentrum und Wildpark Knüll **85**
Neustadt **58**
Niedenstein **94**
Nieder-Moos **37**
Nienburg **220**
Nieste **132**
Niester Riesen **132**
Oberaula **74**
Oberweser **192**
Odenberg **92–93**
Die Oevelgönn'schen Kinder **114**
Ostereiermarkt, Fürstenberg **169**
Papiertheatermuseum **18**
Paula-Modersohn-Becker-Museum **227**
Perrault, Charles **67**
Pferdemarkt, Fritzlar **87**
Pferdewallfahrt **159**
Pforr, Heinrich **142–143**
Phänomenta **237**
Philipps-Universität Marburg **49**
Plisch und Plum **162**
Polle **200**
Quellenmuseum **96**
Radfahrerkirche **76–77**
Rapunzel **188–189**
Raspe, Rudolf Erich **205**
RATS **209**
Rattenfänger von Hameln **198, 208–210**
Regionalmuseum Alsfeld **46**
Regionalmuseum Fritzlar **87**
Reinhardswald **181, 185**
Reutern, Gerhardt von **62–64**
Riemenschneider, Tilman **158**
Rimbergturm **57**
Riseberg, Bartholomäus **180**
Ritualbad Mikwe **190**
Rolandsbrunnen **88**
Römerlager Hedemünden **179**
Rosenfest Hann. Münden **176**
Rumpelstilzchen **140–141**
Rundgänge Alsfeld **43**
Sababurg **184–185**
Salzmuseum **149**
Sautrogrennen **37**
Savigny, Friedrich Carl von **50, 56**
Schauenburg **114**
Schepperlinge **100**
Schiffermuseum Oberweser **197**
Schillat-Höhle **217**
Schindehütte, Albert **114–115**
Schlachte **226**
Schloss Berlepsch **155**
Schloss Eisenbach **39**
Schloss Friedrichstein **103**
Schloss Fürstenberg **171**
Schloss Hausen **75**
Schloss Philippsruhe **20**
Schloss Ramholz **35**
Schloss Romrod **47**
Schloss Steinau **31**
Schloss Steinheim **21**
Schloss Waldeck **109**
Schloss Wilhelmshöhe **128–129**
Schlösschen Schönburg **186**
Schlüchtern **32**
Schneewittchen **96–98**
Schoof, Wilhelm **65, 82**
Schrecksbach **72**
Schwalm **72**
Schwälmer Land **68**
Schwälmer Tracht **46, 62, 66–67, 70**
Schwalmstadt **68**

Schwertzell, Charlotte von **62**
Schwertzell, Fritz von **63**
Siebert, Ferdinand **97**
Simon-Loschen-Leuchtturm **236**
Söder Tor **149**
Soest, Conrad von **98**
Sommermann'sches Haus **152**
Sommerrodelbahn Edersee **107**
Spargelmuseum **221**
Spessart Therme **29**
St.-Petri-Dom Bremen **227**
Städtisches Museum im Welfenschloss **178**
Stadtkirche St. Georg **182**
Stadtmuseum Bad Wildungen **99**
Stadtmuseum Baunatal-Altenritte **119**
Stadtmuseum Hofgeismar **186**
Stadtmuseum Niedenstein **95**
Stein, Marianne von **75, 80**
Steinau (an der Straße) **26**
Steinhuder Meer **206**
Stift Fischbeck **216**
Stift Kaufungen **138**
Storm, Theodor **158**
Tabakmanufaktur und –museum **154**
Tante Trude aus Buxtehude **131**
Tanzlinde **94**
Technisch-historischer Lehr- und Wanderpfad **143**
Tillyschanzenturm **178**
Tour de Chattengau **93**
Trendelburg **188**
Treysa **97**
Trinitatiskirmes **63**
Tropfsteinhöhle Teufelshöhle **30**
Ubbelohde, Otto **50, 56–57**
Überseemuseum **229**
Ulrich, Anton **103, 204**
Universitätskirche Marburg **52–53**
Universum Bremen **228**
Verein Deutsche Märchenstraße e. V. **29**
Via Regia **26**
Viehmann, Dorothea (Viehmännin) **116–117**
Vitalpark Heiligenstadt **159**
Völkerkundliches Museum Witzenhausen **153**
Volkskundliches Freilichtmuseum Bremerhaven **237**
Volksüberlieferungen aus dem Fürstentum Waldeck **105**
Vom klugen Schneiderlein **69**
Vulkanradweg **39**
Waldeck **104**
Waldenser **192, 196**
Wallfahrtskapelle Etzelsbach **159**
Wallonisch-niederländische Kirche **15**
Walpurgiskirche **46**
Wandelhalle **96–97**
Wanderschule Nieste **134**
Wasserschloss Elmarshausen **110**
Weberei-Museum Kircher **197**
Weidenhäuser Höfefest **51**
Weihnachtsmarkt Fürstenberg **169**
Weinfest am Karpfenfängerteich **145**
WerratalTherme **151**
Wichtelhäuser Steine **57**
Wild, Dorothea **24**
Wildpark Edersee **102**
Wildpark Neuhaus **170**
Wilhelm-Busch-Mühle **160**
Willingshausen **62**
Wilm, Ferdinand Richard **14**
Witzenhausen **152**
Wochenmarkt Nienburg **223**
Wolfhagen **110**
Ziegeleimuseum **138**
Zoo am Meer **239**
Zu den wilden Riesen **33**

Abbildungsverzeichnis

©©: S.8; S.9; S.11; energiequant S.12; Gabriele Delhey S.14 + S.20; Sven Teschke S.14; Dontworry S.19; Rudolf Stricker S.20; Haselburg-Müller S.21; S.22; Reinhard Dietrich S.22; S.22 oben links; S.24; S.25; Al mare S.27 oben; Wikibine S.28; Park12345 S.31 unten rechts; Andreas Schneider S.33; S.35 oben; S.41; Klaus Foehl S.42; S.43 unten links; Cherubino S.44; Oliver Abels S.45; Hape39 S.47; Dirk Schmidt S.48; Pedelecs S. 50; Allie_Caulsfield S.51, S.53 + S.55; Willow S.54; Andreas Trepte S.56 unten rechts + S.58 + S.60; S.56 unten links; S.57 unten rechts; Nikano S.57 unten links; Dr. Klaus Lambrecht S.59 unten links + S.80; Paulusaehrer S.61 oben rechts + S.73 + S.76; Steffenz S.61 unten rechts; Barbara Bitzl S.63 unten links; S.63 unten rechts; S.67; Oliver Deisenroth S.68 + S.72; 2micha S.71+ S.75; Neptuna S.74; Fritz Geller Grimm S.77; Celcius S.78; Olerdens S.79 unten links; S.76; S.81; Christian Schürmann S.85; Paulodörfer S.86; S.89; S.91; Lisa Völske S.92; Wethener S.94 unten; Henner P. S.96 + S.110; AxelHH S.98 + S.109 + S.175 + S.176; Asio otus S.102 + S.103 unten links; Rotatebot S.103 oben rechts; Philipp Wetzlar S.105; S.111; Michael Weiß S.112 oben rechts + S.113 + S.114; Varus111 S.112 unten; Dbackovic S.115; S.117; Armin Schönewolf S.118; Carroy S.120 + S.124; Wolfgang Staudt S.127; anaulin S.129 links; Jens Haines S.129 rechts; S.131; Reiner Lippert S.132 links; Presse03 S.132 rechts + S.135 + S.166 unten + S.168 + S.170 unten + S.178 + S.184 + S.187 rechts + S.190+ S.191 + S.233;S.133; Wogner S.136 oben + S.146 + S.149 links + S.150 + S.180 + S.181 + S.183 mitte und unten + S.188; Günther Pöpperl S.140; S.141; A1973 andreas S.147 oben; Thunder Hawk 1973 S.148; S.149; S.152; Artic S.154; Rabanus Flavus S.156; Pilettes S.158 links; Markus Schweiß S.158 rechts S.157; S.162; Gerhard Elsner S.164; Alkibiades S.165; Jahn Henne S.166 oben; Daderot S.169; S.170 oben; Dave Pape S.171; S.173; RSX S.174; Dschwen S.177 links; Nina S.177 rechts; S.183 oben; Frank Baldus S.186; Michael Fiegle S.187 links; S.189; S.192; S.193; S.195; S.199; Christoph Runge S. 200;

St.Krekeler S.201; S.202; Franzfoto S.203 + S.217 unten; S.204; Frank Lücke S.208; Frank Kaiser S.212; Thomas Fietzek S.213; Brackenheim S.214; S.215; Christ06 S.216; Amphibol S.218; Gerardus S.22; Losch S.221 + S.222; a2t S.223; S.224; S.225 oben rechts; Rami Tarawneh S.225 unten; rs S.226 oben; Jürgen Howaldt S.226 unten + S.229 + S.236 oben; Xocolatl S.227; Arne Hückelbein S.230; Ilona Eggers S.232; Till F.Teenck S.234; Markus Jastroch S.236 unten; Gratziko S.239 oben; Florian Keßeler S.239 unten.

©: Sparkasse Hanau S.13; Gudrun Kauck S.16; www.badische-seiten.de S.26; Marc Czieslick S.27 unten + S.31 unten links; www.modelbahn-im-museum.de S.32; www.alemannia-judaica.de S.34; Reinhold Czieslick S.35 unten; www.vogelberglamas.de S.36; www.anettechristen.de S.37; www.schwertundfeder.org S.38; Martin Schmidt S.43 unten+ S.44 oben; Jens Trötscher S.59 oben links; Stadt Neustadt (Hessen) S.59 unten rechts; www.dreifaltigkeit-neustadt.de S.61 oben links; www.schwalm-aue.de S.64; „Ziegenhainer" S.69; Jürgen Hahn www.eftreysa.de S.70; Heidrun Englisch S.79; Stadt Homberg (Efze), Hessenfoto S.83; www.niedenstein.de S.94 oben links; Heike Oschmann S.99; S.104; www.treetopwalk.de S.107 + S.108; Stadt Kassel, Foto: Harry Soremski S.122 links; Stadt Kassel, Foto: Kassel Marketing GmbH S.122 rechts + S.128; Stadt Kassel; Foto: digitalfoto-welt.de S.125; Charlotte Fischer, Bexbach S.136+ S.139; www.kaufungen.de S.137; www.grossalmerode.de S.142; www.hessisch-lichtenau.de S.144 + S.147 unten; www.schlossberlepsch.de S.155; www.brotmuseum.de S.160; www.baumhaushotel-solling.de S.167; www.muehlenplatz-gieselwerder.de S.196 + S.197 links; www.wsa.hmue.wsv.de S.197 rechts; www.3sine.net S.206; Hameln Marketing und Tourismus GmbH S.210 + S.211; www.westliches-weserbergland.de S.217 oben; www.kletterpark-nrw.de S.219; www.taurus-target.com S.220.

Bodenwerder
Polle
Fürstenberg
Wahlsburg
Trendelburg
Oberweser
Sababurg
Hofgeismar
Immenhausen
Hann.
Wolfhagen
Kassel
Niest
Schauenburg
Kaufunge
Baunatal
Helsa
Niedenstein
Waldeck
Gudensberg
Fritzlar
Bad Wildungen